contes et légendes de Brocéliande

Claudine Glot
Marie Tanneux

Contes et légendes de Brocéliande

Éditions Ouest-France

AVANT-PROPOS

Brocéliande, forêt des mirages et des illusions, Brocéliande forêt des fées ? Depuis que Wace, il y a près de neuf siècles, l'a révélé à tous les lettrés d'Europe, la nouvelle s'est ébruitée, et combien de poètes et de rêveurs, dès lors, ont tenté d'emprunter la route enchantée à la découverte des Blanches Dames de l'Autre Monde ? Certains, persuadés d'atteindre les limites du pays des songes, sont entrés en Bretagne dans la ferme intention de lier conversation avec les fées bien sûr, mais aussi avec les chevaliers, les enchanteurs, et même, pourquoi pas, avec le petit peuple des sylves, des lacs et des bosquets. L'étonnant, c'est que des rencontres ont eu lieu, dont nous avons des témoignages… plus ou moins fondés, mais témoignages tout de même ! À y regarder de plus près, et au risque de décevoir certains, il faut rapidement se rendre à l'évidence : korrigans et poulpiquets ne sont pas les maîtres des futaies de l'antique Brocéliande. Les fées leur ont-elles laissé entendre que leurs manières n'étaient point dignes d'elles et leur musique trop acide pour leurs fines oreilles ? Faut-il penser qu'affolés, ils ont fui devant les sabots des chevaux et le choc des épées, ou que, résolument bretonnants, ils ont quitté les terres de l'est pour se réfugier de l'autre côté de la frontière linguistique ? Constatons simplement que les fervents de merveilleux, les passionnés d'aventures chevaleresques, et les pères fondateurs de la littérature de langue romane ont peu à peu donné aux fées et à leur cortège de brumes et de sortilèges tout l'espace vital dans l'imaginaire de Brocéliande.

Tout l'espace ? Acceptons quelque bémol. Lorsque l'on tente de recenser en Bretagne les contes de tradition populaire tels que nous les livrent les grands collecteurs-écrivains des XIXe et XXe siècles, on découvre, à regret, que ce n'est pas en Brocéliande que l'on rencontre à cet égard la matière la plus originale. Certes, on y trouve de nombreuses variantes de contes types bien connus, des contes de diablerie édifiants, ou des figures traditionnelles du folklore breton. Mais le monde imaginaire fantastique, celui qui qualifie la forêt de Brocéliande et la rend unique, est d'une tout autre nature. Et si l'on souhaite mettre à nu ses racines, c'est inévitablement dans le légendaire et dans la mythologie celtiques qu'il faut fouiller.

On se gardera bien au passage d'enfourcher la vieille haridelle qui prétend opposer une « tradition réellement issue du peuple » à une « imagerie conçue par les intellectuels ». Dans ce recueil, les contes traditionnels, qu'ils soient issus de la littérature médiévale ou du fonds populaire oral, ont été traités de la même façon. Nous nous refuserons à dresser un mur entre les deux modes de transmission du matériau d'origine celtique qui les compose. Savoir qui prime l'autre, dans la qualité ou dans l'ancienneté, et s'il en est un plus authentique — un conte que l'on conte n'est-il pas toujours authentique — relève plus de l'idéologie que de l'amour pour la culture bretonne.

Les romans ne sont pas plus nobles ou intéressants par la seule vertu de l'écriture, et la tradition populaire n'a pas plus de mérites ou plus de vérité que les œuvres littéraires. Retenons simplement que le conte de transmission orale est perméable à des adaptations successives, alors que l'œuvre littéraire reste fixée par l'écriture qui la conserve. Mais dans le cas de romans de Brocéliande, la matière qui les nourrit s'est agrandie à l'Europe entière, et s'est enrichie de toutes ses cultures.

Cette opposition est d'autant plus stérile qu'elle masque l'existence d'un fonds commun légendaire, breton d'abord, celtique si l'on veut bien remonter un peu plus loin dans le temps. La voix des conteurs ruraux et celle des écrivains de cour, relayant celle des grands bardes du haut Moyen Âge, transmet les différentes faces d'un même héritage. Cet héritage existe, il a de multiples visages et une origine commune, mais lointaine et occultée, que certains savent pourtant remettre en lumière. Les lavandières de nuit héritières de la Morrigan, la déesse celtique des batailles, comme l'a montré Christian-J. Guyonvarc'h, ou le parallèle entre les sortilèges de Morgane au Val sans Retour et ceux de la sorcière des Quatre Vents en témoignent, comme en témoignent les travaux de Michel Rousse sur l'origine de Viviane et ses rapports avec le Ninian. Quant au conte de Peronnik l'idiot, pas besoin d'être grand clerc pour y retrouver un Perceval rustique. C'est pourquoi le maître mot qui s'impose ici est transmettre, et transmettre l'antique patrimoine des contes celtiques comme il l'a toujours été, de façon chaque fois différente, intégrant de manière explicite ou implicite les coutumes, les modes, les événements. Fractionnant ou réunissant les éléments traditionnels pour leur donner à chaque époque, à chaque lieu, à chaque veillée ou à chaque édition un nouveau visage. C'est d'ailleurs dans la ligne de cette vie propre aux contes et aux légendes, que l'on peut qualifier de trahison fidèle, que tente de s'inscrire ce recueil.

Pour renvoyer dos à dos ces frères faussement ennemis que seraient la tradition populaire et la culture dite élitiste, soulignons au passage comment le pays de Brocéliande est aujourd'hui en train de récupérer les personnages légendaires et de s'approprier cette matière prétendument réservée aux intellectuels, quand bien même le phénomène s'opère à travers la raison sociale des commerces ou le nom des rues ! Sans les romanciers médiévaux, que connaîtrait-on du trésor oral des bardes et des trouvères, qui ne chantaient pas des récits populaires mais qui mettaient en vers, de façon parfois très savante, les éléments épars de l'ancienne culture celtique ? Sans ceux qui ont écrit, que resterait-il de la Matière de Bretagne ? Verrait-on briller le regard des visiteurs venus parfois de très loin pour retrouver l'enchantement de l'enfance ou le rêve de tous les âges ? Grâce à ces pèlerins, Brocéliande retrouve ses chevaliers et les contes qui charrient leur mémoire. Par un inattendu mouvement de balancier, les romans servent maintenant de ressource à de nombreux conteurs. Et ce retour à l'oralité engendre à son tour de nouveaux écrits.

Voici donc ce nouveau recueil de contes et légendes de Brocéliande où se côtoient des récits collectés durant les deux derniers siècles, et des épisodes romanesques réadaptés pour l'occasion. Il aurait pu porter en sous-titre, à la manière chère aux auteurs classiques : *Recueil de contes anciens et renouvelés, de légendes glorieuses et de menues histoires, de vies extraordinaires et de faits mirifiques, tous couchés sur le papier par l'obligation faite à chaque génération de conserver la mémoire et de transmettre en l'enrichissant l'héritage reçu des ancêtres.*

Le terreau de Brocéliande, imprégné depuis aussi longtemps que la mémoire peut le dire, de la présence des êtres *faées* — êtres du monde et de l'Autre Monde, chevaux, sangliers, cerfs, dames ou enchanteurs — est propice à l'éclosion de récits merveilleux et le fil d'or ne saurait être rompu. Il existe une matière du conte, c'est une sève qui irrigue de sa force le territoire de nos esprits, c'est un éternel bourgeonnement qui se recycle et se rénove en se confrontant à l'évolution des sociétés et au cheminement du monde. Ainsi naissent les nouveaux récits, et Brocéliande, parce qu'elle est un creuset de mémoire et de métamorphoses, demeure le réceptacle fécond où certains se créent, s'importent et s'adaptent. Quelques-uns des contes rassemblés ici sont des créations, ou des élucidations toutes personnelles de récits mystérieux. Dans l'esprit des auteurs, il ne s'agit pas d'un exercice gratuit et artificiel, même s'ils utilisent des schémas et des références bien connus. Nous les avons cru dignes de figurer aux côtés des anciens : Merlin voudra bien nous le pardonner. Nous souhaitons seulement qu'il arrive à ces contes renouvelés ce qu'il arrive à certaines chansons : au bout de quelques années ceux qui les entendent les croient issues du fond des âges, et une pensée reconnaissante les effleure, un simple instant.

Claudine Glot

LES ÊTRES SURNATURELS

La sorcière des Quatre Vents

Des crêtes du Val sans Retour jusqu'aux abords de Trécesson, la lande était autrefois parsemée de moulins. Certains étaient florissants, occupés à moudre du blé noir ou du froment. D'autres, qui avaient moins belle mine, subsistaient vaillamment. Mais celui qui faisait le plus jaser dans le pays ne tournait plus depuis longtemps. Noir et décrépit, le moulin des Quatre Vents levait vers le ciel les pathétiques squelettes de ses ailes. Une vieille femme y avait trouvé refuge, et y survivait de peu. Elle soignait les paysans par les plantes, elle aidait les femmes en mal d'enfant à concevoir et parfois, disait-on dans un murmure, elle apportait la bonne mort à ceux qui souffraient trop, à l'aide d'une belle pierre de foudre aux reflets de jade.

À Tréhorenteuc, les anciens affirmaient qu'elle avait jadis surpassé en beauté toutes les filles du pays, avec ses cheveux d'un roux flamboyant et sa peau plus blanche que la fleur du blé noir, et que la liberté de ses manières les avait tous fascinés. Jupons relevés, corsage ouvert, elle dansait sous la pleine lune, elle courait la lande à peine vêtue de fleurs et de feuilles. Sans compter qu'elle avait de bien curieuses façons de faire avec les pierres dressées — au premier mai, elle se couchait toute nue — oui, toute nue — dans l'hôtié de Viviane… Tiens, c'était si triste de penser que tout cela s'en était allé que ça méritait bien une bolée, concluaient-ils régulièrement.

Les plus jeunes avaient de la peine à les croire, en regardant la pauvre créature rabougrie qui glanait çà et là mousses et lichens. Mais personne ne prenait le risque de se moquer d'elle. Ceux qui avaient osé le faire s'en étaient tous repentis, affligés qu'ils avaient été de maux divers, non pas mortels mais déplaisants en société. Seul un repentir sincère, et des excuses monnayées, les avaient délivrés du courroux de la sorcière des Quatre Vents.

Dans le même temps vivait à Tréhorenteuc un jeune homme insatisfait, qui soupirait perpétuellement sur son sort. Il appartenait pourtant à une famille de paysans aisés, maîtres de bonnes terres et de fermes riches en bétail. Les jolies filles du pays le lorgnaient avec intérêt, et certaines avaient eu pour lui mieux que de l'amitié. Rien n'y faisait. Il rêvait d'un ailleurs plus beau, plus riche… Quel ailleurs ? Il n'en savait trop rien. Les rares voyageurs qui passaient par là avaient beau lui décrire les mers chaudes, les palais de l'Orient, les déserts brûlants, ses soupirs continuaient. L'insatisfaction rongeait ses jours et ses nuits.

Un soir de grande pluie, ses parents recueillirent sous leur toit la sorcière des Quatre Vents. À la fin du repas, il lui confia son tourment, et fut bien étonné de l'entendre en rire de bon cœur. « J'en ai connu bien d'autres qui souffraient du même mal que toi. Je les ai tous guéris. Si tu en as le courage, viens me voir à la prochaine lune montante. Je t'aiderai — si tu en as le courage. »

Le premier soir de la lune montante, le garçon frappait à la porte du moulin des Quatre Vents, une pièce d'or au creux de sa main. La sorcière le fit entrer dans la pièce sombre, tout odorante des bouquets d'herbes pendus aux poutres. Un liquide sombre bouillonnait sur le feu. Des chats dormaient en tas près de l'âtre. Il respira, rassuré. L'antre de la sorcière n'était pas si terrible qu'il l'avait craint.

Elle le fit asseoir en face d'elle.

« Donc, tu veux connaître une vie meilleure ? un monde plus beau ?

— Plus beau, je ne sais pas ; mais je n'ai aucun bonheur à vivre ici. Je veux connaître autre chose, aller ailleurs. Ce sera forcément mieux. »

Elle ne fit aucun commentaire.

« Je peux t'aider. J'ai le pouvoir d'envoyer celui qui en fait le vœu devant moi, le premier jour de la lune montante, au bout d'un des quatre vents. Si tel est ton désir, tu t'en iras cette nuit même. »

Pour la première fois, le regard du garçon brillait d'intérêt. Il se voyait sur les ailes du vent, les paysages défilaient au-dessous de lui... Il revint à la vieille et lui tendit sa pièce d'or.

« Pour toi, si tu m'envoies ce soir même au bout du Vent d'Ouest. »

La sorcière regarda gravement le garçon.

« Attention, ce n'est pas un jeu ou une simple distraction que je te propose là. Je sais faire partir les jeunes gens impatients, mais leur retour n'est jamais assuré. Si tu changes d'avis quand tu seras parvenu au bout du vent, je ne pourrai plus t'aider. Car même si je le pouvais, sache bien que, pour les humains, ce qui est passé ne revient jamais. »

Mais le garçon était impatient. Jetant sa pièce d'or sur la table, il jura que son choix était arrêté, et qu'il prenait la lune montante à témoin de son désir de partir. La sorcière lui fit boire une pleine coupe du liquide qui bouillait dans la cheminée. Puis tous deux sortirent. « Fixe bien la lune et envole-toi », murmura-t-elle. Puis elle commença à chanter ; peu à peu son chant décrut. Des nuages voilèrent la lune. Quand ils se dissipèrent, la vieille contempla un instant la lande déserte et rentra, seule, dans son moulin.

Le pays du bout du Vent d'Ouest était ensorcelant. Les aventures, les plaisirs se succédaient sans discontinuer, et le garçon venu de Brocéliande en prit une belle part. Quelques années passèrent.

Puis l'insatisfaction qui n'était qu'endormie au fond de son âme commença à se réveiller. Il avait parcouru en tous sens le pays du Vent d'Ouest, ses plages de sable blanc, ses montagnes abruptes, ses lacs profonds. La neige l'avait ébloui : maintenant, il la trouvait froide. Il avait chassé sans répit le cerf et le sanglier. Les chevauchées à perdre haleine le lassaient, la beauté des jeunes femmes lui paraissait ordinaire, l'eau dorée et brûlante qui sortait des alambics ne lui octroyait plus les rêveries des premiers jours. Bref, l'ennui était de retour. Et du fond de sa mémoire resurgirent les souvenirs charmants de tout ce qu'il croyait avoir détesté : de la bruyère en fleur sur une lande, un ruisseau encaissé dans des pierres rouges, un troupeau de vaches rentrant à la ferme. Lorsqu'il se prit à désirer la bouillie de blé noir et le cidre aigre-doux de la table familiale, il sut qu'il avait épuisé les joies du Vent d'Ouest. Pendant qu'il rêvait d'un bal de moissons, d'une bombarde rythmant les pas des danseurs sur l'aire à battre, il entendit soudain, aussi clairement que si elle avait été en face de lui, grelotter la voix de la sorcière des Quatre Vents. « Partir n'est pas un simple jeu. Si tu veux revenir du Vent d'Ouest, je ne sais si je pourrai t'aider. »

Le visage et les paroles de la sorcière se mirent à le hanter toutes les nuits. Il fallait qu'il revienne chez lui. Il entreprit de courir la campagne à la recherche des magiciens et des enchanteurs, nombreux sur les terres du Vent d'Ouest. Partout la réponse était la même : personne ne savait comment renvoyer le jeune homme dans son pays, personne n'avait entendu parler de la sorcière des Quatre Vents, ni de Brocéliande, et encore moins de Tréhorenteuc.

Depuis combien de temps durait sa quête, lorsqu'il échoua enfin au fond d'une vallée inconnue, au milieu de collines dont il avait parcouru plus de cent fois les moindres recoins ? Une grotte s'ouvrait dans la paroi rocheuse. Il entra. L'intérieur de la caverne était sombre et odorant. Des feuilles fraîches jonchaient le sol, des plantes étaient étalées, pour sécher, sur des claies de jonc. Au milieu des braises qui rougeoyaient dans un grand pot de fer, était enfouie une petite marmite pleine d'un liquide vert tendre, au parfum pénétrant. Une jeune femme s'avança vers lui. Grande, rousse, la peau si blanche qu'elle en semblait transparente, elle portait une longue jupe de laine verte brodée de signes mystérieux, et son corset de cuir s'entrouvrait sur de douces perspectives.

« Tu as de la chance d'avoir trouvé le chemin de mon antre ! La voix était grave, chaude, un peu chantante. Et tu veux revenir dans ta Brocéliande bien-aimée, revoir les moulins de la lande et boire encore de l'eau de Barenton. Te rappelles-tu ce que je t'avais dit, il y a longtemps, à l'autre bout du Vent d'Ouest ? Le retour n'est pas aisé, ce qui est passé ne revient plus… »

Le garçon se laissait bercer par la voix envoûtante, il respirait l'odeur des fleurs et de la potion, il se laissait aller…

Le froid le réveilla soudain. Il se redressa d'un coup, transi de rosée, le dos douloureux d'avoir trop longtemps dormi sur la terre. Au-dessus de sa tête se dressait un grand pin. Près de lui, un ruisseau bruissait. Dans sa tête, il entendait résonner une voix de femme : « Boire encore l'eau de la fontaine de Barenton, Barenton, Barenton », répétait-elle. La lumière de la lune lui confirma qu'il ne rêvait pas ; il était de retour en Brocéliande, à deux pas de Barenton dont il entendait sourdre l'eau. Il sauta sur ses pieds. Il se rappelait bien le chemin : redescendre de la fontaine, prendre la longue ligne forestière qui allait le conduire vers le Pertuis Néanti, puis descendre vers Tréhorenteuc. Il aurait voulu courir, mais ses jambes refusaient de lui obéir. Son dos était douloureux, et il avait si froid tout à coup. La lueur de la lune projetait son ombre sur le sol, une ombre maigre et voûtée. Lorsqu'il tendit la main pour casser une branche dont il pensait se faire une canne, il vit ses doigts noueux, crochus, sa paume déformée et des taches brunâtres sur sa peau.

Le jour était déjà levé lorsqu'il arriva en vue de Tréhorenteuc. La route s'ouvrait devant lui, beaucoup plus large que dans son souvenir. Il ne reconnut ni l'entrée du village, ni le chemin qui conduisait à la ferme de ses parents. À la place de l'auberge où il avait coutume de retrouver ses amis, une bâtisse écroulée, dont le lierre et les ronces faisaient le siège ; du manoir clos de murs, seules subsistaient une tour et la porte d'entrée. Ses pas le conduisirent vers l'église, encore fermée à une heure aussi matinale. Elle au moins n'avait pas changé : il allait attendre le curé et se confier à lui. Le cimetière flanquait l'église, à gauche. L'envie lui prit de se recueillir sur la tombe de ses grands-parents. Ses pas étaient de plus en plus lourds. Il poussa la grille, la dalle funéraire de sa famille était là, devant lui. Il y lut les noms de ses grands-parents, puis ceux de ses propres parents, puis ceux de ses frères et sœurs, et ceux encore de neveux qu'il n'avait pas connus, et de nombreux petits-neveux. Les noms et les générations se succédaient, gravés dans la pierre. Sa tête tournait. Il essaya de se rappeler la date de son départ. Le soleil levant lui blessait les yeux. Il se pencha pour suivre les chiffres du bout des doigts. L'air lui manqua. Il se sentit tomber, très lentement d'abord, puis sa chute s'accéléra.

Lorsque le bedeau arriva à l'église, il trouva la porte du cimetière ouverte. Sur la première tombe, un petit tas de cendres voltigeait au vent. Il crut entendre un rire de femme, dans le vent du matin. Il se signa prestement, ferma la grille et marcha d'un pas assuré vers la porte peinte en rouge.

Claudine Glot

Les petits pots bouillants

Les commères du village, pour une fois unanimes, avaient donné leur avis : depuis longtemps on n'avait pas vu à Haligan, en Concoret, de nouveau-né aussi réussi que le petit Bastien. Beau, bien membré, et gracieux. Un enfançon modèle, avec ses yeux gris-bleu, largement ouverts sur le monde. Plus tard, prédisaient-elles, il serait brun avec des yeux noirs, comme sa mère, la douce Mona la fileuse, et vaillant archer, comme son père, le grand Yann de Folle Pensée. Tout le village avait défilé devant le bébé, apportant de menus présents à l'enfant et à ses parents. Les plus vieilles femmes avaient noué au-dessus du berceau des branches de sorbier contre les mauvais esprits, avec du buis bénit pour ne pas faire de peine à monsieur le recteur. Elles multipliaient les sourires et les baisers au petit, et pourtant une espèce de crainte se lisait dans leurs yeux lorsqu'elles se penchaient sur l'enfant.

Le petit Bastien grandissait tranquillement. Il allait sur ses trois mois, se redressait avec vigueur, empoignant fermement tout ce qui passait à sa portée, et passait des heures à jouer avec ses pieds ou à essayer d'attraper les rayons de soleil au-dessus de son berceau. Il pleurait rarement le jour, jamais la nuit, et ses parents bénissaient le sort de leur avoir donné un tel premier-né.

Un jour de mai, sa mère dut s'absenter pour aller à Roveneuc livrer du lin qu'elle venait de filer. Elle nourrit l'enfant, le recoucha, puis partit sans oublier de charger sa voisine de venir de temps en temps jeter un coup d'œil sur le berceau. Elle marcha bon train à l'aller et eut la chance de se faire ramener dans la carriole d'un fermier des environs. La voisine l'attendait au coin du feu, un peu soucieuse. Elle était venue plusieurs fois dans l'après-midi, elle avait changé le bébé qui s'était rendormi calmement. Mais à sa dernière visite, elle l'avait trouvé agité, grognon. Mona rassura la femme. Les raisons de cette inhabituelle mauvaise humeur pouvaient être nombreuses. La fin du jour angoisse souvent les petits, et l'enfant n'allait pas tarder à faire ses dents. Peut-être avait-il simplement faim, ou avait-il souffert de l'absence de sa mère, dont il n'avait jamais été séparé.

Le lendemain matin, Mona dut se rendre à l'évidence : l'enfant avait hurlé toute la nuit, elle avait eu beau le bercer, le nourrir, le changer, lui chanter les petites chansons habituelles, il n'avait cessé de crier, il avait griffé sa mère, lui arrachant même, dans sa rage, une poignée de cheveux. La jeune femme s'inquiéta plus encore quand elle voulut sortir l'enfant dans la cour. La lumière du jour soulignait la transformation de son visage. Finis le teint rose et les bonnes petites joues rebondies. Le nourrisson qui braillait en se tortillant comme un diable affichait une mine jaunâtre et des yeux creux. Les jours qui suivirent, Mona appliqua tous les remèdes de bonne femme qu'elle connaissait, sans aucun succès. L'état de l'enfant s'aggravait, il maigrissait, son visage et ses mains, d'un vilain ton olivâtre, se ratatinaient. On aurait dit un petit vieux, mais un petit vieux bougrement bruyant : cris et gémissements ne cessaient ni le jour ni la nuit. Exténuée, la mère du petit malade demanda à son voisin de la conduire en carriole jusqu'à Ploërmel. Le médecin consulté masqua son ignorance derrière des mots latins, impressionnants certes, mais dont le principe curatif restait à démontrer. Il conseilla des sirops, une purge, des cataplasmes. Toute une semaine, Mona appliqua à la lettre les conseils du docteur de la ville. Pour rien, car les symptômes étaient de plus en plus alarmants, et les pauvres parents souffraient autant d'épuisement que de chagrin.

Mona se résolut à tenter une dernière expérience. Ensuite seulement, elle se résignerait à son malheur. Du côté du Val aux Fées, derrière les rochers du Pas de la Chèvre, avait élu domicile celle que tout le pays appelait, à voix basse, la Sorcière Noire de la forêt. Une femme âgée, solitaire, qui connaissait les herbes et soignait les femmes stériles. Accoucheuse à ses heures, il lui arrivait d'aider ceux qui souffraient sans espoir à passer dans l'Autre Monde. Elle avait soulagé en secret nombre de paysans des environs et quelquefois des gens de la ville. On redoutait son savoir autant, il faut l'avouer, que son sale caractère et sa langue bien pendue. Elle était prompte à vous lancer une malédiction, agitant son bâton noueux, sa corneille apprivoisée perchée sur l'épaule. Mais le pire était quand elle envoyait à la figure de ses interlocuteurs une phrase lucide et bien sentie sur des actions qu'ils pensaient ignorées de tous.

Mona partit donc, son fils sur le dos, emmailloté dans un grand châle. Elle avait dans son panier quelques pièces, du pain et du beurre tout frais, une bouteille de goutte, car la vieille ne crachait pas sur le produit de l'alambic, et un mouchoir de tête en lin filé de ses mains. Elle eut un peu de mal à trouver l'antre de la sorcière, dissimulé par les racines et les lierres, et encore plus de mal à se faire entendre de l'habitante des lieux, de méchante humeur ce jour-là. Mais sa gentillesse, son chagrin, et le contenu du panier, adoucirent rapidement le courroux de la guérisseuse. Elle ausculta le bébé qui braillait plus fort que jamais, écouta longuement Mona, lui posa des questions très précises. Enfin, elle finit par entraîner la jeune femme hors de la cabane, et lui murmura à voix basse comment retrouver un enfant en bonne santé. « N'explique à personne ce que je viens de te révéler avant d'avoir suivi mes conseils, jusqu'au dernier », fit-elle jurer à la jeune femme. Mona repartit fort perplexe, et son mari le fut tout autant quand il la vit rentrer sans herbes, ni emplâtre, ni mixture d'aucune sorte.

Elle ordonna simplement au grand Yann : « Va me chercher tous les œufs de nos poules, cours chez les voisins leur en acheter. Il m'en faut au moins cinquante, et plus si possible. » Elle avait l'air si assuré que Yann lui obéit. La tournée des œufs lui prit un bon moment : à son retour, Mona avait préparé un beau feu, alimenté de grosses bûches de chêne. Yann posa doucement ses œufs sur la table. « Remplace-moi auprès du feu, lui demanda son épouse, et fais en sorte de m'obtenir de la braise couverte d'une fine couche de cendre chaude. » Yann ne comprenait rien à ce qui se préparait, mais la sérénité de sa femme le réconfortait. Pendant qu'il tisonnait le feu, Mona commença à casser les œufs dans une grande jatte. Elle rangeait une à une les coquilles sur la table en prenant bien garde à ne pas les briser.

Quand le feu présenta l'aspect souhaité, la jeune femme disposa soigneusement les demi-coquilles dans la cendre, puis remplit chacune d'elles d'eau du puits. Yann, retiré dans un coin de la pièce, ne posait plus de questions. Mona alla vers le berceau, prit son enfant dans ses bras, et s'assit sur une chaise, face au foyer. Elle chantonnait une comptine qui quelque temps auparavant faisait la joie du bébé. Il continua à ronchonner, plus doucement. Les mouvements du feu le captivaient. Dans les coquilles, l'eau chaude commença à frémir, puis vint à ébullition. Le petit s'agita sur les genoux de sa mère. L'eau bouillait maintenant franchement. Soudain l'enfant ouvrit la bouche, et commença à chanter, d'une vieille petite voix grinçante :

« J'ai tant et tant de fois cent ans
J'ai vu les landes de Lambrun en pré fauchant
Et le bois de Brécilien en bois bûchant,
Mais je n'ai jamais vu autant
De petits pots bouillants. »

D'un geste vif, la mère retourna le bébé sur ses genoux et, s'emparant de son peigne à carder, commença à lui administrer une gigantesque fessée. À chaque coup, elle répétait : « Ah tu as tant et tant de fois cent ans, ah tu vas avoir le temps de regretter d'avoir pris la place de mon fils, ah je te réduirai en chair à pâté si tes amis, lutins et fées, ne me rendent pas mon Bastien. » Le petit être s'égosillait, son visage et son corps convulsés de rage semblaient vieillir à vue d'œil. Il hurlait, appelait les fées, ses amies, les suppliait de le délivrer de ce mauvais pas.

La fileuse, épuisée, baissa le bras un instant, se massa le poignet. Au moment où elle levait à nouveau son peigne au-dessus de l'arrière-train rabougri du lutin, son mari et elle entendirent dans la cour des pas précipités, des petites voix qui gémissaient, le bruit d'un objet lourd que l'on pose. Yann se rua sur la porte. Dans un ravissant berceau tressé de fleurs et de rubans scintillants, leur cher Bastien dormait, sous une couverture d'or. Il avait toujours sa belle mine, et une touffe de cheveux noirs recouvrait maintenant son crâne. Mona posa le vieil enfant des fées sur le sol et se pencha pour ramasser son fils. Quand elle se releva, le changelin avait filé dans l'obscurité de la cour.

Yann et Mona ne revirent jamais le peuple des fées. Et si celles-ci continuèrent à rechercher des enfants humains et à les échanger contre les leurs, elles ne se risquèrent plus à le faire aux alentours de Haligan. Bastien passa une enfance heureuse au milieu des arbres et des animaux, puis devint un habile artisan, taillant dans le cuir chaussures, aumônières et pourpoints. Mais il garda une éternelle nostalgie de son séjour au pays des fées, et chercha toute sa vie, dans la forêt de Brocéliande, l'accès au monde merveilleux.

CG

La mariée de Trécesson

En Brocéliande, au sud-ouest de la haute forêt, s'élève un noble château féodal. Sa silhouette majestueuse se mire dans une paisible pièce d'eau. Ici point de palais de cristal dans le reflet de l'onde. Pourtant certaines nuits de pleine lune, vous pouvez croiser sur les eaux, dans le parc et aux alentours du château la forme fantomatique de la dame blanche de Trécesson.

L'histoire se déroula au XVIIIe siècle, au temps du dernier seigneur de Trécesson. Un braconnier embusqué derrière un fourré, tout près du colombier, en fut le témoin. Aux dires du pauvre homme, tout retourné par cette affaire, l'événement s'était passé par une nuit de poix. Il avait pour habitude de poser quelques pièges sur les terres de son maître et de passer, la nuit tombée, pour ramasser sans se faire voir le menu gibier. Ce soir-là, pendant qu'il guettait l'endormissement du château, il vit arriver au grand galop un carrosse sombre, tiré par des chevaux bruns. La voiture s'arrêta juste après avoir passé la digue des douves. Trois hommes vêtus de noir en descendirent. Ils traînaient plus qu'ils ne soutenaient une jeune fille vêtue de la tenue blanche des mariées. Sur ses longs cheveux clairs flottait un voile retenu par une jolie couronne d'églantines. Dans ses mains gantées, elle serrait un bouquet de fleurs d'oranger. Ses escarpins de satin étaient blancs, comme les bas de soie que l'on apercevait sous les dentelles de sa robe. Son corps était secoué de sanglots. Elle priait et suppliait :

« Mes frères ayez pitié de moi, de nous. Vos cœurs sont endurcis par la trop grande haine qui a déchiré nos deux familles et nos terres. Notre union pourrait rendre la paix à nos deux maisons. Elle effacera les querelles et les vieilles rancœurs. »

Elle sanglotait.

« Pour l'amour de Dieu, ne commettez pas l'irréparable. N'avez-vous jamais aimé ? »

Visiblement les trois hommes ne s'apprêtaient pas à la conduire auprès de son ami, ni à l'autel. Ils semblaient bien plutôt prêts à lui administrer le dernier sacrement.

Elle implora encore.

« Pitié mes frères… »

Tous trois ignorèrent ses supplications. L'un d'eux prit une pioche dans la voiture, et ils entraînèrent leur victime au pied d'un vieux chêne. Pendant que les deux premiers tenaient fermement la jeune fille, le troisième commença à creuser une fosse. Elle comprit enfin quel destin funèbre lui avaient réservé ses frères. Elle voulut crier, mais ses hurlements de terreur furent étouffés par son voile de soie, que ses bourreaux entortillèrent autour de son visage. Seuls, ses yeux reflétaient l'horreur de ce qui lui arrivait.

Une fois le trou achevé, la mariée fut jetée au fond, et la terre ne tarda pas à recouvrir son visage défait, à tarir ses larmes, à remplir sa bouche suppliante. Leur besogne terminée, les trois assassins reprirent pelles et pioches et remontèrent dans la voiture qui partit au grand trot.

La nuit était redevenue silencieuse. Impuissant devant le drame qui venait de se dérouler, le braconnier se glissa hors de sa cachette, glacé par le froid et l'effroi. Il courut jusque chez lui à travers bois. Lorsqu'il arriva, tout haletant, dans sa vieille masure, sa bonne femme l'attendait, les poings aux hanches. Il avait mis bien du temps, cette nuit-là, lui reprocha-t-elle. Mais il la fit taire en lui contant l'horrible histoire, la scène macabre à laquelle il venait d'assister. La colère de son épouse redoubla.

« Quel mauvais chrétien tu fais, et comme tu as le cœur dur ! Comment n'as-tu pas eu la présence d'esprit de porter secours à cette pauvre enfant ? Même s'il est peut-être trop tard maintenant, il faut tenter de la sortir du trou où ses assassins l'ont jetée.

— Mais nous pourrions être surpris, accusés de ce meurtre infâme.

— Alors allons chercher de l'aide, et avertir monsieur de Trécesson… »

L'aube pointait lorsqu'ils arrivèrent au château. Ils réveillèrent le seigneur et ses gens. Tous accoururent sur les lieux désignés par le braconnier et l'on creusa rapidement au pied du vieux chêne. Le soleil se levait, rougeoyant derrière la silhouette sombre des arbres.

Ils aperçurent d'abord un pan de toile de soie blanche. La robe était maculée de terre humide. Une main alanguie, déjà grise, apparut, puis le corps, enfin le visage de la jeune fille. Ils la déposèrent sur le sol. Une des domestiques frotta vigoureusement sa poitrine et ses bras avec de l'alcool fort, lui passa sous le nez un flacon de sels. Elle respirait encore, péniblement. Déjà la mort avait jeté son voile sur elle et s'appliquait à roidir son corps. Le soleil commençait sa course dans le ciel quand elle rendit le dernier soupir. Monsieur de Trécesson et ses gens étaient arrivés trop tard.

Le seigneur fut profondément bouleversé. Il fit porter le corps de la jeune mariée en sa demeure. On l'apprêta et on lui donna une sépulture près de la chapelle du château. Malgré toutes les recherches qu'il fit effectuer, rien ni personne ne put éclairer Monsieur de Trécesson sur l'identité de la jeune femme. Hanté par le dernier regard de la pauvre enfant, il conserva la couronne et le voile de la mystérieuse mariée. Tous deux furent exposés comme de précieuses reliques dans la chapelle privée du château. Les jeunes filles de toutes conditions s'y rendaient en pèlerinage. Toucher ces objets permettait, disait-on, de trouver un époux dans l'année.

Le voile, la couronne, la tombe même, tout a disparu aujourd'hui. Pourtant certaines nuits l'esprit de la mariée revient hanter le lieu de son martyre, aux alentours de Trécesson. Elle est devenue à jamais une dame blanche, la Dame Blanche de Trécesson.

Marie Tanneux

Les joueurs de cartes fantômes

Le bruit avait commencé à courir du côté de Ferdonnant. On l'avait d'abord colporté à mots couverts. Puis il était devenu un sujet de conversation, abordé avec un peu de réticence. Enfin la nouvelle s'était répandue ouvertement, enjolivée à plaisir par les bons esprits, friands d'histoires à faire peur. Il se passait « quelque chose » la nuit à Trécesson. Ce « quelque chose », murmuré avec la mine appropriée, laissait entrevoir, dans un frémissement, de vaporeux esprits d'outre-tombe, des momies aux yeux caves, des goules peut-être, enfin quoi, du sang, des spectres, bref toute la panoplie de l'effroi ordinaire des braves gens. Que « quelque chose » advienne la nuit à Trécesson n'était pas pour étonner les vieux de Campénéac. On connaissait des précédents à l'événement. Les doux fantômes des fiancés du temps des croisades parcouraient le pont du château, main dans la main, quand le crépuscule cède devant la nuit. Il fallait se garder d'ouvrir trop largement la chambre du premier étage de la tour donnant sur les douves. Les parfums des dames de Trécesson, qui se poudraient, se parfumaient et se paraient là, ces parfums avaient tellement imprégné les murs qu'ils exhalaient encore une fragrance sensuelle et fleurie qui attirait les abeilles tout alentour. Les pauvres petites ouvrières, prises dans ce piège odorant, mouraient d'épuisement à rechercher les roses et les lilas évanouis des belles de jadis, redevenues poussière.

La rumeur allait augmentant : chaque nuit, dans les étages de Trécesson, une chambre inoccupée retentissait de coups, de cris, de gémissements. Le phénomène se produisait passé minuit, et ne durait jamais au-delà de deux heures. Cela ne se passait que dans la chambre, aucune autre partie du château n'était ainsi perturbée. Mandé d'urgence, le curé n'avait pu persuader les esprits — qui d'autre que les esprits, pour mener un tel charivari ? — de quitter les lieux. Il avait copieusement arrosé d'eau bénite la porte de la chambre, le verrou que le sire de Trécesson y avait fait poser, les couloirs et autres passages qui menaient à la chambre hantée. Pour le reste, la foi fervente du comte et de sa famille, les nombreux crucifix, dont certaines admirables pièces d'orfèvrerie, suffiraient à protéger la maison. Ce qui n'avait pas empêché les servantes de semer du gros sel à foison, et de suspendre ici et là quelques branches de sorbier. La cuisinière s'était prise d'une soudaine passion pour l'ail, à un point tel que la comtesse avait dû lui demander de modérer un peu l'usage de ce condiment qui perturbait les conversations d'après dîner.

Donc, chacun à Trécesson avait pris son parti de la chose, évitant soigneusement de se trouver à proximité de la chambre une fois la nuit tombée. Mais à travers tout le pays de Ploërmel, jusqu'à Rennes et Vannes — les Campénéacois les plus optimistes assuraient que même Paris bruissait de l'événement — les langues allaient bon train. On supputait, on s'effrayait à bon compte, on pariait parfois.

C'est ainsi qu'arriva un bel après-midi, un gentilhomme d'une quarantaine d'années, inconnu de tous. Il demanda à être reçu par le comte. Celui-ci, dont la courtoisie, comme la piété, n'était jamais en défaut, accepta aussitôt. L'inconnu, un certain Philippe, chevalier de l'Hôpital, homme de grand talent équestre et de peu de fortune, avait conçu le projet de se fixer dans le beau pays de Ploërmel pour y faire commerce de chevaux. On lui avait fait part des événements qui se produisaient nuitamment dans le château. Si Monsieur le Comte n'y voyait pas d'inconvénient, lui, Philippe de l'Hôpital, souhaitait éclaircir ce mystère. Avec l'accord du maître de Trécesson, il dormirait dans la chambre hantée tant que tout ne serait pas résolu. Le comte s'inquiéta. La menace n'était-elle pas trop grande, pouvait-il permettre à son hôte de risquer la mort, et peut-être pire ? Son interlocuteur le rassura. Il tentait librement l'aventure, bien conscient du danger. La discussion se poursuivit encore quelque temps, puis le comte donna son accord. Le chevalier conclut : « Monsieur le Comte, je vous l'assure, tous les risques, je les prends ; mais si quelque bienfait doit advenir de cette aventure, je le prendrai aussi. »

On conduisit le chevalier à la chambre, une belle et haute chambre, toute en parquet luisant et en lambris, mais peu meublée. Un grand lit, deux coffres, une petite table au chevet du lit, avec bougeoir et briquet. Pour toute issue, la porte donnant sur le couloir, et une fenêtre. Devant le comte et son intendant, monsieur de l'Hôpital ouvrit les coffres, ferma hermétiquement la fenêtre, s'assura que tous les murs sonnaient plein, que le parquet et le plafond ne dissimulaient ni passage ni trappe. Puis tous descendirent dîner, et l'invité fit largement honneur au repas, durant lequel il évoqua ses années de campagnes dans différentes armées et les effrois qu'il avait su vaincre.

Le chevalier rejoignit enfin sa chambre. Pour que tout se passât comme à l'accoutumée, il demanda au comte de l'enfermer dans la pièce et de tirer le verrou extérieur. Après quoi il s'allongea sur le lit, gardant sur lui culotte, chemise et bottes ; son pistolet, prêt à servir, était posé à portée de sa main. Tout était calme, il avait parcouru un long trajet ; les excellents vins du comte firent le reste. À minuit, le chevalier dormait comme une souche.

Des cris le réveillèrent brutalement. Le fond de la chambre, vide et sombre quand il s'était endormi, était maintenant illuminé par deux chandeliers portant chacun six bougies. Leur lumière éclairait une table de jeu où deux gentilshommes en habit du temps passé étaient en train de disputer une partie de lansquenet. Partie acharnée, si l'on considérait l'important amas de pièces d'or posé au bord de la table. Et les joueurs se disputaient, chacun accusant l'autre de tricher. Au ton d'abord courroucé succédèrent très vite des cris, puis des menaces. Sidéré, le visiteur observait le phénomène du fond de son lit. Son œil enregistrait les détails, les manchettes brodées, les belles chandelles de cire blanche, les rubans de satin aux chaussures, mais aussi les attitudes, les visages rageurs, les coups de poing sur la table.

Le ton monta encore. Les deux hommes se redressèrent, prêts à en venir aux mains. La lame d'une dague brilla un instant. Le chevalier saisit son pistolet l'arma d'un coup sec, l'éleva vers les boiseries du plafond, et tira. À l'instant où le coup explosa dans ses oreilles, la scène disparut. Évanouis, les joueurs, les chandeliers, la table, les cartes : rien ne subsistait de ce qu'il avait contemplé pendant de longues minutes. Mais sur le sol, ultime témoin de la réalité de l'aventure, luisait très faiblement un beau tas de pièces d'or, frappées à l'effigie d'un roi depuis longtemps mis en terre.

Le comte de Trécesson avait entendu le coup de feu. Il se précipita vers la porte de la chambre, escorté de valets armés d'épées et de mousquets. La lourde clé tourna dans la serrure, le verrou glissa : les gens de Trécesson s'attendaient au pire. Or voici que paraissait devant eux leur invité, un peu pâle mais la mine glorieuse. Il livra au comte le secret de cette partie de cartes qui s'était terminée par un meurtre, et que les joueurs fantômes étaient condamnés à rejouer toutes les nuits. Le chapelain était arrivé en courant, persuadé d'avoir à administrer les derniers sacrements à l'imprudent visiteur. Il promit de rechercher dans les archives du château l'identité des deux gentilshommes, et de dire des messes pour le repos de leur âme.

Philippe conta bien dix fois de suite le récit de sa nuit : à la comtesse et à ses filles d'abord, puis peu à peu à tout ce que le château et les communs comptaient d'habitants. Au matin, il en vint enfin à la propriété des pièces d'or. Il rappela la promesse faite par le comte : son invité bénéficierait de tout ce qui sortirait de cette aventure, en mal ou en bien. Le comte était prêt à céder, mais autour de lui, chacun se mit à faire valoir que cet or appartenait à Trécesson, puisqu'on l'avait trouvé en ses murs. Il y avait des filles à doter, le toit des écuries prenait l'eau, les coussins de la chapelle partaient en charpie. Le comte capitula devant l'insistance de son entourage. Le visiteur refusa de restituer l'or qu'il avait gagné. L'affaire finit devant le tribunal, dans une interminable procédure. Les joueurs fantômes avaient retrouvé la paix, les vivants la perdirent pour un temps. Les avocats et tabellions de Rennes furent les grands gagnants de l'or de Trécesson. Quant aux minutes des procès, elles furent conservées dans les greniers du parlement de Bretagne, à Rennes. L'on sait, hélas, ce qu'il en advint.

Claudine Glot

LES LÉGENDES DE LA TABLE RONDE

La rencontre (Merlin et Viviane)

En forêt de Brocéliande nombreux sont les lacs, mais le plus remarquable est celui qu'un seigneur nommé Dyonas consacra à la déesse Diane, qui aimait courir et chasser par les bois et que chantèrent les anciens poètes latins. Tous les jours, du haut de son château de Comper, Dyonas contemple le paysage et le lac de Diane, dont la vue lui réjouit le cœur et l'esprit. Aubes et crépuscules sont source d'émerveillement et il pense souvent que Brocéliande est fascinante, tour à tour immuable et changeante, ainsi qu'une femme.

Lorsque les oiseaux recommencent à chanter après l'hiver, le seigneur de Comper a la joie de voir naître sa fille. Il la nomme Viviane et certains pensent que c'est un prénom très mystérieux. Diane, la protectrice du seigneur, se présente pour voir l'enfant. Elle se penche sur son berceau et lui accorde trois dons : la beauté, l'amour d'un homme extraordinaire et l'accès au rang de grande clergesse — elle deviendra donc à la fois très savante et très sage. Viviane grandit au cœur de la forêt de Brocéliande, pourvue des grâces de la beauté et de l'esprit. Elle connaît les moindres recoins de cette sylve pleine de surprises. Elle chérit par-dessus tout la fontaine de Barenton où elle a pour coutume de se rendre régulièrement.

Par un bel après-midi d'été, alors qu'elle est étendue auprès de l'eau, elle ne voit pas qu'un cerf majestueux, dont le pelage roux se mêle à la végétation et dont les hautes ramures se confondent, à la cime des arbres, l'épie en silence. L'œil du seigneur des bois contemple la perfection, et c'est une vision presque insoutenable tant la jeune fille est belle. La bête s'agite dans les fourrés, et frappe le sol de son pied blanc.

Celle qu'il regarde n'est plus une enfant et pas encore une femme. Viviane est à la frontière des possibles. Elle porte une longue tunique couleur émeraude, maintenue à sa taille si fine par une chaînette d'or. Ses cheveux sont longs et épars, à peine retenus par un tressoir incrusté de gemmes : tourmalines et péridots scintillent au soleil, encadrant une brillante pierre de lune. Viviane a le visage diaphane, des yeux d'un vert profond dans lesquels brûlent des éclats d'or. Ses bras et ses mains sont longs et gracieux. Elle sourit à son reflet, plonge ses mains dans l'eau froide et son rire résonne par les bois comme une jolie cascade. Elle s'est assise sur la pierre et a soulevé sa fine tunique. De ses pieds étroits, elle exécute des ronds dans l'eau, et ses mouvements découvrent peu à peu ses mollets et ses cuisses.

Derrière le feuillage, la gorge du cerf se noue et ses yeux se troublent : la forêt danse autour de la jeune fille.

Sous l'apparence du roi de la forêt, Merlin contemple cette géographie idyllique, il voit un flanc dénudé, d'une blancheur féerique.

Toute à l'insouciance de son jeu, Viviane entend à peine le brame d'un cerf qui fuit loin de la clairière. Le cerf la guettera encore bien souvent, sans que la nymphe s'en aperçoive, en attendant que vienne le moment…

Merlin est revenu conseiller Arthur, son ami et son roi. Ensemble, ils refont le monde. Arthur veut étendre ses conquêtes à des territoires toujours plus lointains. Merlin rêve de réinstaurer l'âge d'or, mais son cœur se serre lorsqu'il repense à la vision de Brocéliande. Il informe Arthur qu'il souhaite quitter la cour de temps en temps, et qu'il ne faut pas lui demander d'explications. Le roi pense à une retraite secrète et savante. Merlin, sous l'emprise de l'image troublante qu'il a entrevue à la fontaine de Barenton, doute de la mission qu'il doit accomplir à la Table Ronde.

Un matin radieux se lève sur la forêt, Merlin court à travers Brocéliande, comme un fou. Viviane vient d'avoir quinze ans, et elle est partie à la naissance du jour rendre visite à son amie la fontaine. Tout lui sourit, et pourtant elle se sent prise d'une langueur étrange, qu'elle n'a jamais encore ressentie. De ses pieds nus, elle foule l'herbe humide de rosée dont chaque brin est emperlé de fines gouttelettes dans lesquelles rayonnent mille soleils. Elle arrive en vue de la clairière, elle s'allonge au bord de la fontaine, elle interroge le reflet de l'eau lorsqu'elle aperçoit soudain, dans le miroir de Barenton, un visage étranger à côté du sien. Il sourit et incline la tête joyeusement. Viviane se retourne et dévisage le beau jeune homme qui se tient là, tout près d'elle. Leurs regards se croisent et dans cet échange tout est accompli, le destin de Merlin est scellé.

« Qui es-tu charmant damoiseau ? demande la jeune fille qui veut montrer ses belles manières.

— Un ménestrel qui va de château en château apporter les nouvelles et émerveiller les gens. Et toi ?

— Je suis Viviane, je demeure avec mon père Dyonas, seigneur du château de Comper, à trois lieues d'ici. »

Viviane regarde le jeune homme. Sous ses paupières mi-closes, l'or et le vert de ses yeux se mêlent. Merlin a su paraître à son avantage : elle le trouve agréable, bien fait de sa personne. Il propose son bras à la jeune fille et tous deux s'en vont par le bois, babillant comme des enfants.

Ils passent sous un noisetier, et le compagnon de Viviane saisit une branche qu'il rompt. Sous le regard ébahi de sa compagne, il trace un cercle autour d'eux et frappe la terre. Une source jaillit du sol, puis un verger. En un instant le jardin s'emplit de damoiselles et damoiseaux vêtus de leurs plus beaux atours, qui lui sourient, et de musiciens qui l'invitent à un pas de danse. La jeune fille est ravie et se laisse conduire à travers ce jardin de joie. Le soleil poursuit sa course d'est en ouest, l'ombre s'avance, peu à peu tout s'évanouit dans la pénombre. Seul le verger demeure, à la demande de Viviane.

« À présent, il est temps que je parte… » Viviane voudrait le retenir. Elle ne connaît pas son nom, comment l'appellera-t-elle par les bois ? De sa voix calme, il la rassure : il reviendra très bientôt.

Merlin s'en va. Il s'éloigne de celle qui est déjà la maîtresse de son cœur.

Loin de la Petite Bretagne, de l'autre côté de la mer, Arthur attend son compagnon pour lui annoncer qu'il a choisi celle qui sera sa reine, Guenièvre, fille de Léodegrand de Carmélide, roi d'Irlande. Merlin consulte les étoiles et met Arthur en garde : « N'épouse pas cette femme, elle ne te causera que des tourments. » Pour la première fois, Arthur refuse de se plier à la volonté de son maître. Le doute s'immisce dans l'esprit du sage : ses paroles seraient-elles l'écho de ses propres craintes, depuis sa rencontre en Brocéliande ?

Dans l'espoir de retrouver le jeune homme, Viviane se rend souvent à Barenton. Lorsque l'attente a trop duré, elle se lève et part pour le jardin de joie où, avec la baguette de noisetier, elle recrée à l'envi la fête que Merlin lui avait offerte.

Plusieurs mois se sont écoulés lorsque, à l'approche du solstice d'été, un vieil homme se présente à la fontaine. Ce n'est pas lui que Viviane espérait, mais il l'intrigue. Curieuse, elle l'observe à la dérobée. Il porte un vêtement étrange, d'un autre temps, une toge blanche à la mode antique. Il s'assied près de la jeune fille sur la dalle de pierre. Elle oublie vite sa déception devant la sagesse de cet homme chenu qui comprend et explique le secret du monde et le langage des oiseaux. Il sait manipuler les éléments, commander aux nuages, au vent et à la pluie. Il propose à Viviane de se rendre au bord du lac de Diane pour lui conter une histoire terrible et fascinante.

Ils marchent sans mot dire et bientôt se dressent devant eux les murs d'enceinte du château de Comper. Viviane pousse la lourde grille de fer forgé et pénètre dans la grande cour, suivie du vieil homme. Merlin entre dans le domaine, le cœur battant. Il sait ce que cache l'imposante bâtisse et pourtant il ne peut s'empêcher de ressentir ce trouble. Il est aussi ému qu'en découvrant pour la première fois la jeune fille à la fontaine, quand il avait l'apparence d'un cerf majestueux. Ils contournent le logis. Le lac de Diane, une étendue limpide et calme, bordée d'arbres de toutes parts s'offre à leurs yeux, comme une mer intérieure en Brocéliande. À l'horizon, là-bas, la forêt paraît plus dense, intouchable, vierge de toute présence humaine. Merlin pense à l'Autre Monde, il sait qu'il contemple une des frontières menant à cet étrange paradis où personne ne connaît la souffrance ni la vieillesse.

Dans le parc du château, Merlin s'installe sur un rocher qui affleure, et invite Viviane à s'asseoir auprès de lui. Le lac est devant eux, le château à l'arrière-plan. Viviane plisse les yeux pour ne pas être éblouie par le soleil. Elle regarde la maison de son père, une fière demeure de schiste rouge se détachant sur l'azur du ciel. Elle se met à caresser la surface de l'eau, l'onde forme sous sa main des ridules souriantes. Merlin comprend que la jeune fille sait comment s'attirer les bienfaits des éléments.

« J'éprouve une profonde affection pour la protectrice de mon père, murmure la jeune fille. Diane est ma marraine, à ma naissance elle m'a comblée de toutes ses grâces, mais mon univers se limite, et se limitera toujours à la forêt de Brocéliande, ainsi en a-t-elle décidé. Je ne suis pas malheureuse, je vais courant par les bois et j'imagine qu'elle en a fait autant autrefois…

— Diane a vécu dans les temps anciens. Elle est la sœur jumelle d'Apollon, le dieu du soleil et des arts. Nous la surnommons “la dame des animaux sauvages”. Elle est le grand veneur des dieux, étrange métier pour une femme, n'est-ce pas ? Son esprit hante encore Brocéliande, quand elle part de son pas silencieux guetter sa proie, arc et carquois sur l'épaule. Comme son frère est associé au soleil, elle l'est à la lune. Les hommes l'invoquent sous divers noms, tour à tour Phœbé, Séléné, Artémis ou simplement Luna. Mais n'idéalise pas trop ta protectrice. Les nuits sans astres, Diane devient la sombre Hécate, la déesse de l'ombre lunaire, drapée de noir. Voilà une bien étrange transformation de la radieuse chasseresse. Dans ces moments-là, elle peut être tellement cruelle. Je vais te montrer quelque chose. Tu crois connaître la forêt et pourtant je suis persuadé que tu n'as jamais exploré tout le domaine de ton père. Suis-moi. »

Ils font quelques pas et Merlin écarte la muraille de végétation, dégageant une dalle de marbre blanc, où une main avait gravé « Ci-gît Faunus ».

« Sais-tu que ta belle marraine a fait mourir son amant ? Voici sa tombe… »

Viviane regarde la pierre, les yeux écarquillés.

« Diane, faire mourir l'élu de son cœur ? Cela me paraît impossible !

— Je vais te raconter ce qui est arrivé. Faunus, fils de roi, partit un jour seul à la chasse sur les terres de Brocéliande. Il aperçut Diane qui se glissait dans les bois de son pas agile et il fut séduit autant par la beauté de cette femme que par ses dons de chasseresse. Il la requit d'amour et elle accepta ses hommages, mais exigea qu'il abandonne sa famille et ses amis pour rester à jamais auprès d'elle. Fou d'amour, il consentit à renoncer à ce qu'il avait de plus cher. Leur bonheur dura peu. Un jour que Diane chassait, seule à son habitude, elle rencontra un fier chevalier nommé Félix, né d'une pauvre famille et admis dans les rangs de la chevalerie grâce à son courage et à ses exploits. Diane l'admira, puis l'aima, passionnément. Elle aurait sans hésiter gardé ses deux amants, mais Félix lui demanda, pour prix de son amour, de quitter Faunus. Celui-ci, qui tenait à Diane plus qu'à sa vie, était d'une jalousie mortelle et poursuivait Diane sans répit, l'empêchant de rejoindre celui qu'elle désirait avec tant d'ardeur. Poussée à rompre par Félix, excédée par la jalousie de Faunus, elle décida de faire mourir ce dernier. Faunus rentra un soir blessé par un sanglier qui lui avait infligé une profonde entaille à la cuisse, d'où le sang coulait en abondance. »

Merlin fait une pause ; Viviane, anxieuse, attend la suite de ses révélations.

« La tombe que tu vois là, reprit-il, contenait autrefois une eau réputée : il suffisait de s'y plonger pour guérir de toutes ses blessures. Faunus se précipita près de la tombe, mais l'eau s'était tarie : Diane venait de la vider. Faunus gémissait de douleur et d'angoisse. La déesse le convainquit de s'étendre dans la tombe qu'elle ferma de la dalle de marbre et partit dans les bois, dit-elle, quérir des herbes puissantes qui sauveraient son ami. La dalle le protégerait des bêtes sauvages. Faunus, plein de confiance, obéit à Diane. Il était désormais prisonnier car, affaibli par sa blessure, il était incapable de soulever seul la dalle qui recouvrait la tombe. Diane n'alla pas chercher des plantes, mais fit fondre du plomb en grande quantité. Lorsque le métal fut liquide, elle le coula dans la tombe. Faunus mourut dans d'atroces souffrances, brûlé, rongé jusqu'aux entrailles. Diane s'en alla rejoindre Félix. Elle se jeta dans ses bras, brûlante de désir en déclarant qu'ils pouvaient vivre leur amour tranquille car Faunus était mort. Félix fut surpris de la nouvelle. Comment Faunus avait-il pu mourir si vite ? Diane refusait de répondre, elle tenta d'éteindre sous ses caresses les questions du jeune chevalier. Mais celui-ci la repoussa violemment. Il souhaitait entendre la vérité sur la mort de Faunus. Diane s'impatientait d'attendre l'étreinte tant espérée. Elle entra dans une terrible rage et raconta à Félix la mort de Faunus. Dans l'instant, le chevalier, horrifié, se mit à haïr Diane : s'emparant de son épée il trancha la tête de la déesse et la jeta dans ce lac. C'est depuis que ton père nomme ce lac le lac de Diane. »

Le vieillard marque un temps d'arrêt. Puis : « Tu vois, bien souvent nous confondons l'amour avec le désir et la possession. »

Viviane reste songeuse, toute à l'horreur du récit.

L'obscurité est venue. Le vieil homme claque des mains et de l'eau jaillit de la tombe du pauvre Faunus, puis il se lève, en déclarant qu'il est temps pour lui de partir.

Tout d'un coup, Viviane a une intuition. Elle sait que le beau damoiseau et cet homme chenu ne font qu'un et qu'il ne peut s'agir que de Merlin. Il est l'Enchanteur, le magicien et le Janus de Brocéliande. Elle sait qu'il est doué pour toutes les métamorphoses, qu'il peut être beau, jeune ou laid, difforme, animal, ou bien encore végétal, à sa guise. On lui a dit qu'il règne sur les mondes en marge du temps humain.

Merlin et Viviane se font face. Ils se regardent et se découvrent pour la première fois car ils voient tous deux au-delà des apparences. Ainsi Merlin va-t-il devenir le maître de la jeune fille capricieuse.

« Merlin, quand reviendras-tu ? »

L'homme sourit, il s'est déjà mis en route, dans l'ombre son corps paraît plus droit. Il se retourne et dans ses yeux luit une étrange lueur.

« Bientôt, Viviane, très bientôt… »

MT

Le château de cristal

Pour la plus grande joie du roi Arthur, Merlin, qui peut aller où le vent le porte, est de retour de l'autre côté de la mer, au château de Carduel en Grande-Bretagne. Le devin, obsédé par sa passion, essaye d'effacer de sa mémoire, le temps de servir le roi, le visage de la nymphe de Brocéliande. Plein d'inquiétude, il s'aperçoit qu'Arthur a décidé de passer outre ses sages conseils, et de prendre pour femme Guenièvre, la princesse de Carmélide. Il s'adresse au jeune souverain :

« Les astres ont parlé, j'ai vu dans la voûte céleste que cette union ne t'apportera que soucis et tourments. Puisque l'amour t'aveugle et que tu ne veux pas suivre mon avis, contraire à cette union, essayons tout de même d'en faire naître quelque bien. Demande au père de Guenièvre de lui donner en dot la table qui trône dans la grande salle de son donjon. La table est immense et ronde, comme le soleil lui-même ; autour d'elle, nous allons créer un ordre de chevalerie à nul autre pareil, celui des chevaliers de la Table ronde. Autour de cette table, qui tournoie comme le monde, prendront place les meilleurs chevaliers. Tu connaîtras les noms de tes compagnons par avance, car ils apparaîtront un à un, inscrits en lettres d'or sur les sièges. Laisse une place vacante à ta droite. Elle sera réservée au meilleur des meilleurs. Quand le temps sera venu, je prophétiserai la suite des événements… »

Arthur se lance avec fougue dans l'aventure de la Table Ronde et dans les préparatifs de son mariage. Merlin paraît moins souvent à la cour, car il fait d'incessants allers-retours entre la Grande et la Petite Bretagne. Pourtant Viviane est malheureuse, doublement : son cœur soupire à chaque absence de son amour, tandis que son jeune esprit avide de savoir aspire à la présence du maître dont elle espère acquérir la science. Elle attend Merlin et la forêt qui se pare de ses teintes les plus chaudes commence à regretter l'été. Les feuilles tombent, et dans les arbres qui se dénudent se lit déjà la promesse du printemps. Fin et recommencement, mort et renaissance annoncée…

Le temps a coulé. À l'approche du solstice d'été, comme l'année précédente, Merlin vient s'asseoir sur la dalle de pierre qui domine la fontaine, dans la clairière de Barenton. Viviane et lui l'ont surnommée en riant le perron de Merlin. Désormais il y a sa place, sa chaire du haut de laquelle il initie son élève.

Viviane est émue de le revoir. Elle se précipite dans ses bras. Elle pressent le désir de son maître, mais elle ne veut pas répondre à ce trouble en lui, en elle. Elle a choisi sa voie et puisqu'elle veut se consacrer à la Haute Magie, elle devra rester chaste. Elle repousse doucement son ami.

« Merlin, te souviens-tu ? Lorsque tu m'as raconté le triste sort de Faunus, tu m'as assuré que Diane connaissait les vertus des plantes. Les plantes ont-elles vraiment tous ces pouvoirs, ou n'était-ce qu'un mensonge de la déesse pour tromper son malheureux amant ?

— Les plantes ont bien des pouvoirs, plus encore que tu ne le crois, mais les hommes perdent peu à peu ce savoir. Ils se croient plus forts que la nature et brisent l'antique lien qui l'unissait à elle. On utilise les plantes vénéneuses par intérêt, goût du risque ou du pouvoir, sans se soucier de leurs terribles conséquences. L'homme manie par exemple le datura et la belladone, des végétaux puissants qui provoquent de terribles hallucinations. En choisissant cette voie néfaste, l'homme a refermé le livre des bienfaits des Simples.

Regarde autour de toi. Voici l'*Urtica dioica*, l'ortie dit-on plus simplement : aujourd'hui l'homme en a fait son ennemie et l'arrache car elle pique les maladroits, elle brûle leur peau et la soumet à de pénibles démangeaisons. Mais nul n'en meurt, et l'on savait autrefois l'utiliser pour ses nombreuses propriétés. Vois, juste à côté, ces pieds de *Plantago media*. Il suffit de froisser sa feuille pour en recueillir un suc qui annule les effets de l'ortie, tous les animaux le savent. Tu vois, Viviane, dans la nature, le bien et le mal sont des notions qui n'existent pas, ou du moins ils s'annulent car ils vont toujours ensemble. Le poison et son remède, la maladie et la guérison, tout est là, à portée de main. Lorsque les bêtes sont prises de terribles fièvres, elles s'arrêtent de brouter l'herbe des prés et se nourrissent de *Filipendula*. »

Merlin entraîne maintenant Viviane dans une autre partie de Brocéliande, près des restes d'une ancienne allée couverte.

« Et cet arbre, le connais-tu cet arbre ?

— Je l'admire chaque printemps, la blanche épine parfumée, l'aubépine des fées. C'est un peu mon arbre, sais-tu ?

— Exact, ma douce enfant. On l'appelle encore l'épine de mai ou de son nom savant, le *Crataegus vigita*. Elle a séduit bien des poètes, et pourtant c'est dans son bois dur comme fer que l'on taille les billots des supplices. Il ne faut jamais s'endormir sous un buisson d'aubépine, on se réveille avec la tête pleine de rêves fous dont on a bien du mal à s'évader. Mais fou, je le suis déjà, je n'ai donc rien à craindre, ajoute Merlin en riant.

— Merlin, raconte encore, j'ai tant à apprendre.

— Tout cela, Viviane, nous le savons déjà, il faut simplement en garder le souvenir. Le vrai savoir viendra plus tard, et son apprentissage te fera souffrir. »

Pour l'instant, Merlin entrouvre seulement à Viviane la porte du monde végétal, il lui apprend à laisser la nature pénétrer son esprit et son cœur. Peu à peu, Viviane sent les frontières s'estomper, elle devient arbre, mousse, rocher, oiseau, elle est la forêt.

Les absences de Merlin durent toujours trop longtemps pour la jeune fée. Pour se faire pardonner, l'Enchanteur lui fait des cadeaux, lui révèle des secrets bien gardés ; à chaque rencontre, il lui abandonne des bribes de son savoir.

« Le monde végétal est vieux, Viviane, mais il existe un monde encore plus ancien. Cette pierre sur laquelle je suis assis est vieille de millions d'années. Le monde minéral était autrefois aussi puissant que celui des Simples. Dans un vieux grimoire, on raconte que le grand prêtre d'un des premiers peuples se fit confectionner une pièce d'étoffe ornée de pierreries qu'il portait sur la poitrine, car les pierres possèdent des pouvoirs magiques. Ce n'est pas une mince affaire que de connaître les vertus occultes de certaines gemmes, comme l'aventurine, l'améthyste, l'hématite, le jaspe, la pierre de lune. Celle que tu portais au centre de ton tressoir la première fois que je t'ai vue était d'une pureté absolue. Quant aux autres pierres, je te dirai plus tard leur nom savant et leur nom secret et je t'apprendrai leur action. Et que dire du cristal ! »

Merlin se tait, songeur. Malgré son ardeur à apprendre, Viviane n'ose rompre le silence.

La nuit les a surpris. Le maître se lève, Viviane sait qu'il doit partir. Malgré tout, elle supplie :

« Merlin reste, je t'en prie. » L'homme la dévisage, les yeux pleins d'une flamme sombre que la jeune fille connaît bien.

« Que me donneras-tu Viviane si je reste ? Pourrons-nous nous étendre sur un lit de feuillage ? »

Viviane reste silencieuse, elle ne veut céder ni à son désir ni à Merlin.

Il referme son grand manteau, la fraîcheur de la nuit le fait frissonner.

« Il se fait tard maintenant, je vais te reconduire jusqu'au domaine de ton père. »

Ils marchent silencieusement dans la nuit de l'été. Viviane voudrait lui offrir ce qu'il désire mais elle ne peut s'y résoudre. En une seule étreinte de Merlin, elle perdrait tous les pouvoirs qu'elle a développés, année après année, auprès de lui.

Au moment de le quitter, devant les portes du château de Dyonas, Viviane entreprend de mettre Merlin à l'épreuve.

« Tu vois, Merlin, mon père possède ce château. Eh bien, moi aussi, je souhaiterais avoir ici ma propre demeure. Je la souhaite claire, lumineuse, pas du tout comme la sombre forteresse de mon père. J'ai besoin de voir le soleil et la lueur des étoiles. Je pourrais y étudier la magie, recevoir mes amis et nous pourrions peut-être nous y rencontrer tout à loisir, mieux que dans une chambre de feuillage. »

La flamme s'est soudain rallumée dans les yeux de Merlin. Il prend dans ses mains le petit visage opalescent, il tremble.

« Merlin, avec tes grands pouvoirs, ne pourrais-tu faire m'élever un domaine au milieu de la forêt ? »

La surprise succède au trouble qui s'était emparé de l'Enchanteur.

« Viviane, j'œuvre par enchantements et illusions. Je sais créer des choses éphémères qui durent le temps que les gens veulent leur accorder de l'importance. Je sais lire le destin, et révéler la vérité. Pour accéder à ta demande et te bâtir un château d'éternité dans le monde des hommes, j'ai besoin de ton amour et de la force qu'il me donne, de savoir qu'il est plus puissant que tout, qu'il est à moi à jamais.

— Il l'est, Merlin, je peux te l'assurer, même s'il n'a pas pris la forme que tu souhaitais.

— Alors, je répondrai à ton vœu. »

Viviane traverse seule la cour du château. Merlin a disparu. Elle monte au plus haut du donjon et, non loin de la tombe de Faunus, elle voit une forme lumineuse qui va et vient, puis la nuit noie tout dans ses voiles.

Lorsque Viviane se réveille au petit matin, elle découvre, par la fenêtre de sa chambre, qu'une magnifique demeure transparente s'élève devant Comper. Un palais de cristal se dresse là où, la veille, il n'y avait qu'herbes et buissons. Elle le contemple, extasiée, puis elle se hâte de sortir pour rejoindre Merlin. Elle se précipite dans ses bras et vient se blottir au creux de son épaule. Merlin croit un court instant tenir un oiseau très fragile. Il sent, contre sa poitrine, battre le cœur de la jeune fille.

Il l'entraîne vers le lac, ils quittent le rivage et pénètrent dans les eaux de Comper. À cette heure, la brume couvre encore le lac, le soleil se lève à peine. Viviane a l'impression de franchir une barrière indécise. Est-ce le brouillard ou une frontière invisible ? Au loin, le paysage se fait plus clair. Elle voit briller des milliers de lumières. Devant eux se dresse maintenant une haute muraille transparente. Elle distingue un pont de verre reliant la berge à la demeure, elle le franchit : dans le château, des rues, des maisons se pressent les unes contre les autres. Viviane rit de bonheur. Ici tout est blanc, argenté, translucide. Elle lève les yeux et voit les hautes tourelles crénelées, des bannières de soie qui claquent au vent. Viviane reste sans voix, aveuglée par tant de blancheur.

« Voici ta demeure, Viviane. Elle est blanche et pure comme notre amour. »

Abandonnant la jeune fille dans les immenses salles d'albâtre et d'ivoire, Merlin s'en retourne rejoindre le roi Arthur. Son absence de l'autre côté de la mer a trop duré, le roi doit livrer bataille, rendre justice à ses barons, il a besoin de son stratège, de son devin, de son conseiller.

Les jours poursuivent leur course inlassablement. Merlin a laissé le royaume apaisé, l'harmonie règne pour un temps à Camaalot, la Table ronde rayonne. Au solstice d'été, Merlin est auprès de sa chère élève. Comme à chacun de ses retours, il doit reconnaître que Viviane croît en savoir comme en beauté. Tous deux contemplent l'onde de la fontaine, attendant un signe, un prodige.

Malgré le soleil et l'eau enchantée, Merlin sent un déplaisir chez Viviane, une tension. Elle met du temps à se décider, puis avoue enfin son souci.

« Merlin, le château que tu m'as offert est sans doute le plus beau du monde, mais il est tout transparent. Quand je veux m'amuser avec mes amis, les paysans du coin défilent pour nous lorgner, et ils pensent que je ne les vois pas. Quand je souhaite étudier, seule, les bergers viennent faire paître leurs troupeaux. Ils me regardent effrontément. Tout cela me dérange. »

Merlin éclate de rire en voyant son petit visage renfrogné. Il lui rappelle qu'elle a souhaité que le château soit transparent. Il lui répète ses propres paroles.

Viviane saisit le bras du magicien. La bouderie n'est pas le bon moyen de parvenir à ses fins, alors elle se fait suppliante, caressante.

« Merlin, Merlin, tu as tellement de pouvoirs. Ne pourrais-tu maintenant faire disparaître ce château à la vue des êtres humains ?

— Viviane, tu es moitié fée et moitié femme. Là j'ai affaire à la femme, et comme toutes les autres, tu demandes toujours plus », soupire Merlin.

Mais une nouvelle fois Merlin s'exécute. Toute la nuit, il chante des incantations et tisse des charmes autour du palais de cristal, au pied du château de Comper.

Lorsque point le jour nouveau, la demeure a disparu, remplacée par le lac de Diane qui s'étend maintenant dans toute la vallée. Viviane pleure sa maison et Merlin la rassure. D'une formule murmurée dans un langage d'avant le temps des hommes, il fait reparaître le château que la formule, inversée, fait disparaître à nouveau. Viviane a compris ; l'illusion du lac est faite pour les yeux humains et rien n'est changé en son domaine. Elle pourra jouer de l'apparence comme de la réalité, et seuls ceux qu'elle aura élus auront la grâce de voir son domaine féerique.

Il en est ainsi depuis le temps où Merlin courait la forêt. Pourtant, illusion d'optique ou charme de la Dame du Lac, certains disent avoir aperçu le château de cristal, sous les eaux du Grand Étang de Comper…

MT

L'entombement de Merlin

Merlin arrive à Carduel au moment de la Pentecôte, alors que tous les chevaliers s'apprêtent à prendre place autour de la Table Ronde. Arthur, qui préside, attend que son conseiller et compagnon fidèle daigne réapparaître. Le roi a lui-même édicté la coutume : on ne s'assied pas à la Table tant que l'Aventure ne s'est pas manifestée. Mais il se rappelle avoir parfois attendu fort longtemps la capricieuse, et il connaît le talent qu'a Merlin de faire naître des merveilles.

Soudain les lourdes portes de la salle se ferment et une lumière surnaturelle illumine la grande salle voûtée. Au centre de la Table, s'élève une forme éblouissante ; elle flotte, couverte d'un tissu de lin translucide, comme suspendue dans les airs, ou soutenue par des mains invisibles. Plus suave que la rose, plus riche que l'encens, une odeur inconnue embaume toute la pièce. Sans qu'on l'ait vu ou entendu, Merlin arrive derrière le roi, drapé dans sa grande cape aux couleurs de la forêt.

« Princes, barons et chevaliers, regardez passer le mystère du Graal. Arthur, tous ceux de la Table Ronde doivent à l'instant partir en quête de cet objet merveilleux, et le rechercher durant toute une année. Leur chemin sera solitaire, ils devront affronter la forêt, l'errance, le doute… »

Quand s'éteint la voix de l'Enchanteur, le Graal a disparu, la lumière a cessé de briller, seul le souvenir du sublime parfum flotte encore dans l'air.

Arthur acquiesce. Il a reconquis toutes ses terres, la paix règne dans son royaume, les chevaliers ont besoin de nouvelles et belles aventures pour rester dignes de la Table Ronde. Arthur se dit que la quête du Graal les sauvera de l'oisiveté, ou pire encore, de la récréantise, ce terrible abandon de leur vœu de chevalerie.

Merlin reprend la parole, plus bas, pour le roi seulement. « Sache aussi, Arthur, mon si cher ami, que mon temps parmi les hommes s'achève maintenant. Je m'en vais vers la dame qui m'attend. Mon cœur soupire d'aise et tremble de crainte tout à la fois. Car celle qui m'aime va m'enserrer dans la plus douce des prisons. Je ne reviendrai plus parmi vous, mais aussi loin que je sois, mon esprit veillera sur toi, toujours, toujours. »

La silhouette de Merlin s'estompe progressivement. Arthur l'appelle, l'implore, ordonne en vain. Merlin a disparu à jamais.

Merlin est de retour en Brocéliande. Il court comme un fou vers la fontaine. Il se souvient de la première fois où il a aperçu Viviane, il revoit sa peau laiteuse, la douceur de ses yeux, il sent l'odeur de sa peau. Il prend, pour la retrouver, l'apparence du jeune damoiseau qui sommeillait auprès de la fontaine. Viviane l'attend près de l'eau qui rit de mille bulles. La jeune femme est émue, elle sent palpiter son cœur. Elle sait que quelque chose d'essentiel va se jouer maintenant ; elle a trop attendu, elle ne laissera plus repartir son maître, son bien-aimé, celui qu'elle repousse pourtant toujours.

« Merlin, j'ai parcouru la forêt et j'ai trouvé un endroit si charmant qu'il ne peut avoir été créé que pour nous. Viens, je t'y emmène. »

Viviane a saisi la main du jeune homme. Ils courent dans les bois, pleins du bonheur de leurs retrouvailles. Ils s'en vont vers le nord-est de la forêt, près d'un moulin flanqué d'une petite mare. Un petit ruisseau gargouille, un cerf bondit dans les feuillages. Ils se lancent joyeusement à sa poursuite.

Ils grimpent sur des rochers escarpés. Le vent mêle l'odeur verte des genêts en fleur au parfum doux et sucré des ajoncs. Près d'un précipice, une longue pierre s'étend, comme une plate-forme. Merlin s'y assied, un peu essoufflé. Viviane ne tient pas en place. Elle s'empare d'une baguette de sorbier et, d'un geste assuré, elle fait surgir des mets délicieux. Elle rejoint Merlin et tous deux se délectent du repas improvisé. Elle n'a pas oublié les vins et peu à peu le magicien se détend. Le désir et l'anxiété qui sommeillaient en lui se dénouent enfin. Jamais encore il ne s'est senti aussi bien que dans cette forêt embaumée, près de la lumineuse jeune fille qui l'obsède depuis si longtemps déjà. Il laisse peser sa tête contre la poitrine de la fée. Au-dessus de sa tête, Viviane murmure des mots inaudibles, comme un chant primitif et obsédant. Quand il lève les yeux, il voit simplement ses lèvres se mouvoir. Elle lui sourit.

Elle se relève enfin. La volonté de l'Enchanteur s'est envolée sur les notes du chant de la fée. Il est prêt à la suivre au bout de tous les chemins qu'elle voudra emprunter. « Merlin, j'ai fait une découverte extraordinaire, une pierre percée que j'ai nommée le rocher d'amour. Celui qui passera sa main au travers de ce pertuis naturel sera lié à jamais à la forêt. Veux-tu essayer ? »

Merlin ne sait pas s'il s'agit encore d'un enfantillage de Viviane ou de magie, mais que lui importe ! Viviane le conduit jusqu'au rocher qui se déroule en pans aigus, découpés comme une dentelle. Elle prend la main de Merlin dans la sienne et la guide doucement. Puis elle lui fait passer le bras à travers l'ouverture de pierre avec tant de sensualité qu'il en frémit d'un plaisir trouble, où tremble encore un peu de son ancienne angoisse.

« Merlin, personne ne doit jamais revenir sur ce lieu, il n'appartient qu'à nous. Il faut effacer nos traces sur le sentier. » Tout envahi d'une douce torpeur, il la laisse faire. « Viens, ajoute-t-elle, allons prendre un peu de repos maintenant. Il fait si chaud sur la lande, je vais te conduire vers un frais bosquet bien ombragé. »

Lorsqu'ils arrivent à l'ombre des aubépines en fleur, dans l'odeur de miel des fleurs blanches, Merlin est ivre, de soleil, de parfum, de désir, de bonheur enfin. Il tient Viviane enlacée, ils s'allongent l'un près de l'autre, corps contre corps, ils s'embrassent, doucement d'abord. Merlin a la tête qui tourne, il voit la forêt qui se met à danser autour de la fée, il glisse dans l'inconscience sous le buisson d'aubépine. Alors Viviane sourit et se relève. Elle regarde le mage endormi, si vulnérable. Elle défait le voile de sa coiffe et, tout en le faisant voler au-dessus de l'Enchanteur, accomplit neuf cercles en dansant autour de lui.

Lorsque Merlin s'éveille, il est prisonnier d'une colonne d'air qui monte jusqu'au ciel. Le sort s'est accompli, son destin qu'il avait depuis longtemps lu dans les astres. Il en est presque soulagé. Une inquiétude le ronge encore : il regarde Viviane, et ses yeux brillent, de tristesse cette fois. Du regard, il supplie sa bien-aimée de ne pas l'abandonner. Elle comprend le silencieux message.

« Merlin, désormais tu appartiens à Brocéliande, tu y es enfermé comme je le suis depuis ma naissance. N'aie de crainte, chaque nuit, je reviendrai auprès de toi, et je saurai modifier pour toi la durée des jours et le cours du temps. »

Merlin a disparu du monde des hommes ; la chevalerie s'affaire à rechercher le Graal. Seul Gauvain, pour plaire à son oncle le roi Arthur, part à la recherche de l'Enchanteur. Il arrive au cœur de Brocéliande au plus noir de l'hiver, quand la lumière descend dans un cortège d'amoncellements nuageux et de tempêtes. Le vent a dénudé les arbres. Le pas du chevalier crisse dans la neige qui semble jeter un dernier éclat sur le sol. Le vent hurle un message, un appel, une supplique. Gauvain reconnaît enfin la voix de Merlin. Il arrive devant une enceinte de vapeur translucide.

« Merlin, Merlin, est-ce toi, je ne te vois pas ? Merlin, montre-toi !

— Mon ami, on ne me verra plus paraître, je suis enserré dans la prison la plus solide qui puisse exister. Nul ne peut défaire l'enchantement qui me lie dans cette tour que la meilleure de mes élèves a créée sur mes indications.

— Comment as-tu pu te laisser prendre, toi le vieux, le grand magicien ? »

Gauvain entend un rire cassé.

« Je n'ai eu qu'une seule faiblesse, et celle-là était bien humaine. Gauvain, j'ai découvert l'amour. Je crois que, mieux que tout autre, tu peux me comprendre. J'aime une femme, j'aime une fée, et pour mon malheur toutes deux ne sont qu'une. Mais ne pleure pas sur moi, j'ai choisi de sacrifier ma liberté pour la maîtresse de mon cœur, Viviane, la Dame du Lac. Gauvain, je te le dis : les temps chevaleresques sont près de se terminer. J'attendrai ici, dans la paix de la forêt, le retour du Roi. »

Gauvain repart vers la cour. En Brocéliande, la nature est en paix, le roi de la forêt s'est uni à la princesse des eaux pour l'éternité.

MT

Lancelot et la Dame du Lac

L'épaisse poussière qui s'élève à l'horizon alerte les guetteurs en haut du donjon de Trèbe. Ils comprennent immédiatement que Claudas de la Terre Déserte vient de mettre ses menaces à exécution et de lancer ses armées contre le royaume de Bénoïc. Le roi Ban est depuis trop longtemps sur le trône, vieux souverain juste et généreux qui n'a plus la force de se conduire en chef de guerre. Il a préféré ignorer depuis des années les visées de son voisin, jaloux des riches terres et des belles villes de Bénoïc. Le conseil du roi, réuni à la hâte, a tôt fait de trancher. Il faut envoyer, déclarent tous les conseillers, des messagers réclamer l'aide du puissant allié de Ban de Bénoïc, le roi Arthur, qui guerroie du côté de la Bourgogne. Mais pour laisser au grand roi de tous les Bretons le temps de gagner la Petite Bretagne avec ses troupes, il convient de mettre la famille royale hors de portée du cruel Claudas. Le roi, la reine Hélène, et surtout leur fils nouveau-né, si longtemps espéré, doivent s'enfuir dans l'instant ; ce qui reste d'armée protégera leur fuite et défendra, aussi longtemps que possible, la ville et le palais.

On rassemble une petite troupe de chevaliers fidèles et aguerris, quelques dames pour escorter la reine, les bagages indispensables, armes, nourriture, vêtements et couvertures, et les fuyards quittent Trèbe par un chemin connu d'eux seuls, à travers les marais qui protègent la ville à l'ouest. La reine chevauche en tête, tenant contre elle son petit enfant emmailloté de langes de pur linon, drapé dans une couverture doublée de vair. Sa crainte est si grande qu'elle n'accepte même pas de le confier à sa nourrice qui les suit, montée sur une mule noire.

Après quelques lieues, la forêt de Brocéliande se profile à l'horizon, longue colline qui moutonne sous le ciel sombre. Le roi sait que s'ils parviennent à gagner les bois, ils seront sauvés. Il a toujours rendu hommage aux mystérieux habitants de la vieille sylve, et il est certain que ceux-ci le protégeront en retour. En bon tacticien, il sait aussi qu'il leur sera plus facile de se dissimuler aux troupes de Claudas dans cette forêt inextricable, dont heureusement ils connaissent un peu les sentiers secrets, que dans la vaste plaine qu'il leur reste encore à traverser. Le roi s'inquiète de la progression de leur cortège : la reine, l'enfant et les dames ralentissent l'allure, et il sait que les défenseurs de Trèbe ne protégeront pas éternellement leur fuite.

Ban décide alors de rester en arrière-garde sur le sommet d'une colline d'où il peut contrôler l'arrivée de l'ennemi, et le retarder par un ultime combat, si cela devient nécessaire. La reine et ses dames continueront leur route vers Brocéliande, avec quelques hommes d'armes. Hélène, saisie d'une crainte funeste, essaie de dissuader son époux, mais tous deux savent que la sécurité de leur fils est à ce prix. Après une dernière étreinte, ils se séparent en larmes ; tous deux pressentent qu'ils ont bien peu de chance de se revoir en ce monde.

Dès que la reine les a quittés, Ban et ses chevaliers s'installent sur le haut de la colline. De là, le roi souhaite admirer une dernière fois son beau château de Trèbe. Il se tourne vers l'est, et la douleur le frappe en plein cœur : son domaine est la proie des flammes, et il distingue les troupes de Claudas qui quittent en masse la cité incendiée. Le chagrin est trop fort pour le vieux roi. Il s'affaisse sur sa selle, il a peine à respirer. Ses compagnons l'aident à s'étendre sur le sol. Il les supplie de tourner son visage vers le royaume qu'il a perdu. Il pleure sur son fils qu'il ne connaîtra pas, sur sa femme, si jeune, si peu armée contre l'adversité. Il ne peut plus rien pour eux, il le sait. Il a juste le temps de confesser ses péchés et de se recommander à la garde de Jésus et de sa sainte mère. Il se pâme, le souffle le quitte : le roi Ban gît, mort, à l'orée de Brocéliande.

Pendant ce temps, la reine et son escorte, épuisées par la peur et par une trop rapide chevauchée, entrent enfin sous le couvert des arbres. Au bout d'un chemin ombragé, un spectacle enchanteur s'offre à leur vue : un grand lac alangui sous le soleil, bordé de prairies d'herbe douce, avec dans le lointain un château de pierres rouges. Ils reconnaissent le lac de Diane ; le roi le leur a dépeint comme un havre de paix où Claudas ne pourra pas les atteindre. Tous descendent de leur monture, et la reine Hélène pose son petit garçon au milieu des fleurs, sur l'herbe si verte qui s'étend jusqu'au bord de l'eau. Elle ne cesse de penser à son époux, et décide de revenir sur ses pas, vers la colline où il se tient. Elle confie, avec maints conseils, l'enfant à son escorte. Ses suivantes, la nourrice, les hommes d'armes jurent de veiller sur lui, et la reine repart sur sa jument.

En haut de la colline, elle trouve le roi étendu, sans vie, les mains jointes, ses chevaliers en prière autour de lui. Elle ne crie ni ne pleure, tant le chagrin l'étreint. Elle s'agenouille auprès du corps de son époux, lui fait ses adieux dans le silence de son âme, et prie pour lui. Mais elle sait qu'elle ne peut s'attarder. Plus tard, elle prendra le temps de pleurer, maintenant elle doit veiller sur son fils, le retrouver au plus vite et le mettre à l'abri. Sans un mot, repliée sur sa douleur, elle repart vers la forêt.

Près du lac, tous ont fini par s'assoupir. La nourrice s'est allongée tout près du berceau du bébé. Au sortir de l'abri des arbres, la reine distingue la silhouette d'une jeune femme en longue robe blanche, debout au bord du lac. Ses cheveux pâles flottent dans le vent, elle avance d'un pas léger vers l'enfant endormi. Sans bruit, elle se penche et prend le bébé dans ses bras. La nourrice dort comme une bienheureuse. La reine s'est arrêtée et admire le charmant spectacle. La jeune femme, qui a vivement démailloté le bébé, l'embrasse, l'élève de ses deux mains vers le soleil. La reine voit gigoter les petites jambes de son fils, elle imagine ses sourires. Son chagrin se dissipe un instant et elle savoure l'harmonie de ce bref moment. La jeune femme qui serre maintenant l'enfant sur son cœur tournoie sur elle-même, son ample jupe et ses longues manches s'épanouissent en corolle. L'escorte dort toujours. La reine remet son cheval au pas. Elle pense à demander de l'aide à l'inconnue, peut-être un abri pour la nuit.

Tandis qu'elle s'approche sans hâte, elle voit la jeune femme se diriger vers le bord de l'eau, et y tremper le bout des pieds. Elle s'inquiète un peu pour son fils, mais la demoiselle le tient toujours fermement contre sa poitrine. La reine accélère tout de même l'allure. La dame continue à avancer, entre dans le lac. L'eau arrive à ses genoux, puis à ses hanches. La reine galope maintenant sur sa jument, elle crie. L'inconnue est à portée de voix, mais elle ne tourne même pas la tête. La reine est presque arrivée lorsque la demoiselle en blanc disparaît dans le lac. Les eaux se referment au-dessus de sa tête, sans un mouvement. De l'enfant, de celle qui l'a enlevé, aucune trace. Le soleil couchant fait de la surface un miroir si brillant qu'on ne peut rien distinguer. La reine est à genoux sur la rive, elle pleure, elle supplie l'inconnue de lui rendre son fils. Tous ses gens sont maintenant réveillés, les hommes plongent dans le lac, sans succès. Toute la nuit, ils restent là, attendant un miracle, le retour de la dame, une trace de son passage.

Lorsque le jour se lève, la reine Hélène n'a plus de larmes pour pleurer. En une journée, elle a perdu son royaume, son époux et son fils, ses cheveux ont blanchi, il ne reste rien de l'élégante jeune femme qui faisait l'admiration de ses sujets. Elle a supplié Dieu de la rappeler à Lui, dans l'espoir de retrouver ceux qui lui sont chers. Puisqu'Il ne veut pas l'exaucer, elle décide de se réfugier dans le couvent le plus proche pour y consacrer sa vie à la prière et à la charité. Désormais, que personne ne l'appelle plus Hélène de Bénoïc : elle est devenue la Reine aux Grandes Douleurs.

Pendant ce temps, dans un merveilleux château aux murs de cristal, entouré de jardins emplis à profusion de fleurs blanches et de vergers regorgeant de fruits délicieux, un petit garçon rit au soleil. Penchée au-dessus de lui, Viviane, la Dame du Lac, sourit doucement et le caresse. Elle s'émerveille de ce si bel enfant qu'elle a sauvé d'un sort cruel. Les astres l'avaient prévenue, Claudas devait transpercer à coups d'épée ce petit corps fragile. Elle est intervenue dans le cours du destin et n'en a nul remords : elle élèvera cet enfant comme il le mérite, comme un fils de roi. Avec elle, il acquerra le savoir d'un lettré, le talent d'un poète et tous les arts des armes. « Tu seras le meilleur chevalier du monde, et le plus beau. Nul ne viendra te chercher ici, dans mon château caché aux yeux des hommes par ce lac qui n'est qu'illusion. » Elle a une pensée reconnaissante pour Merlin, qui a su construire cette demeure de rêve, puis la dissimuler de si habile façon. « Fils de roi, tu es maintenant mon enfant. Je peux te nommer à ma guise. Désormais nous t'appellerons Lancelot, le fils de la fée, l'enfant du Lac. »

CG

Le Val sans Retour

Nul n'avait jamais pu contraindre Morgane à se comporter en princesse royale. Dès sa prime jeunesse, elle avait préféré la liberté, la solitude et l'étude aux obligations et aux honneurs de la cour. Elle n'avait pas pour autant opté pour une vie de privation et d'ascétisme. Elle possédait ses domaines et ses châteaux, vastes et luxueux. Parmi ses préférés figurait son île d'Avalon, où n'abordaient que ceux qu'elle avait élus comme amis ou amants, et son château du Val Périlleux, en Brocéliande. Elle y avait fait apporter des tableaux, des statues, des tapis, des instruments pour observer les étoiles et surtout des livres rares renfermant les connaissances secrètes de générations de savants, d'astrologues et de devins, des encyclopédies, des récits de voyage. Son savoir, rigoureusement exercé par Merlin dont elle avait longtemps été la seule élève, lui donnait des pouvoirs dont peu de femmes pouvaient se vanter ; à cause de tout cela, on la disait fée.

Elle affectionnait les riches vêtements, la couleur pourpre, les diamants noirs, les fourrures venues du Nord. Elle ne dédaignait pas de paraître parfois à la cour, où sa majesté naturelle éclipsait toutes les ravissantes demoiselles qui se pressaient autour du roi. Même la beauté blonde et lumineuse de la reine Guenièvre pâlissait devant l'éclat de cette reine de la nuit.

Fort consciente de sa réputation sulfureuse, elle savait que les prêtres au service de son frère condamnaient sa vie trop libre, et la façon qu'elle avait de choisir un homme pour quelque temps, pour le rejeter ensuite si un nouveau venu excitait son désir ou sa curiosité. Mais le roi Arthur la protégeait contre tous et la laissait libre de ses choix. De retour dans ses domaines, elle riait, avec ses suivantes et son amant du moment, de sa réputation de femme la plus luxurieuse de Bretagne, et parfois même s'en flattait.

Lorsque le beau Guyomard, chevalier de Petite Bretagne, entra à la cour d'Arthur, Morgane sut immédiatement qu'elle avait trouvé là celui qui serait pour elle beaucoup plus qu'une passade. Le jeune homme ne résista pas longtemps aux charmes de la princesse de Cornouaille ; quelque chose pourtant, dans leur amour, inquiétait Morgane. Elle ne sentait pas chez lui ce don profond de l'âme qu'elle attendait. Il était souvent distrait, agacé parfois, critiquant ouvertement sa royale maîtresse. Elle finit par découvrir que son amant rêvait d'une autre, une douce jeune fille de petite noblesse, entrée depuis peu au service de Guenièvre : ce qu'elle apprenait là, une bonne partie de la cour le savait déjà, et l'entourage de la reine en faisait des gorges chaudes.

L'amoureuse Morgane était blessée au cœur ; la princesse d'Avalon, la demi-sœur du roi, souffrait dans son orgueil. La femme et la princesse désiraient toutes deux se venger. Pour Guyomard et son amoureuse, les « faux amants » qui l'avaient trompée, la justice de la fée fut expéditive : elle les transforma en pierre pour l'éternité, côte à côte sur la crête de ce Val de Brocéliande qu'elle aimait tant. Mais la dame de haute science, la princesse d'Avalon, exigeait une vengeance plus sophistiquée. Sur ce Val que surplombait son château, elle tissa un enchantement tel que tous les chevaliers infidèles qui venaient à y pénétrer se trouvaient incapables d'en sortir, prisonniers d'une invisible muraille d'air. Le séjour cependant ne leur était pas pénible. Dès que le filet de l'enchantement se refermait sur eux, la science de Morgane leur faisait perdre le sens du réel. Au lieu d'une vallée rocheuse et sauvage, et d'un torrent bouillonnant, ils voyaient autour d'eux une douce prairie verdoyante, où sous des tentes de soie de toutes les couleurs les attendaient mille jeux et divertissements ; de charmantes jeunes femmes les distrayaient de leurs talents variés, le vin coulait à flots, les bals succédaient aux tournois. L'habileté de la fée leur faisait oublier que le temps s'écoule inexorablement. Leur séjour paraissait durer quelques jours, quelques semaines tout au plus, pendant que, hors du Val enchanté, les mois et les années s'écoulaient. Peu à peu la vallée se remplissait de nobles chevaliers, tant Morgane était intransigeante : elle s'emparait de tous ceux qui avaient été infidèles à leur dame, même une seule fois, même en pensée. Autant dire qu'ils étaient très rares, et très jeunes, ceux qui lui échappaient.

Cela aurait pu durer fort longtemps si le chemin de Lancelot du Lac ne l'avait conduit à l'entrée du Val. Le « fils de la fée », comme le surnommaient ceux qui connaissaient son enlèvement par la Dame du Lac et son enfance auprès d'elle, à Comper, Lancelot, donc, n'avait au cœur qu'un amour, celui de la reine Guenièvre, l'épouse du roi Arthur. Cet amour parfait et coupable à la fois faisait la joie et le tourment du jeune homme qui parcourait le monde à la recherche des plus nobles exploits pour la gloire de sa dame. Il aurait pu traverser la vallée sans risque et sans que les enchantements de Morgane puissent s'exercer sur lui.

Or, assise sur une souche, à l'entrée du Val, une jeune fille pleurait. Comment un chevalier aurait-il pu ignorer la détresse d'une demoiselle ? Son frère, révéla-t-elle à Lancelot entre deux sanglots, avait disparu dans cette vallée : elle avait eu beau le chercher partout alentour, personne ne savait où il était passé. Dans le Val, aucune trace de son passage, ou d'un éventuel combat. Plus de cheval, plus d'armes… Elle revenait chaque jour, espérant trouver un nouvel indice, ou l'aide d'un passant.

Lorsque Lancelot avait quitté sa mère adoptive, la blanche Viviane, et le domaine du Lac, la Dame avait pris soin de lui remettre une armure enchantée, pour les premiers combats où il devrait affronter le monde des hommes de guerre. Elle lui avait aussi confié un anneau à travers lequel il pourrait découvrir la réalité cachée des lieux féeriques, ceux qui ne laissent voir aux hommes qu'une apparence trompeuse. Intrigué par le récit de la demoiselle, Lancelot se saisit de cet anneau et le porta à ses yeux. La vallée rocheuse et sauvage disparut : devant lui, près de deux cents chevaliers allaient et venaient, au milieu d'une prairie comme celles qui entouraient le château de Camaalot les jours de grande fête à la cour d'Arthur. Il eut beau crier, s'agiter, nul ne semblait le voir ni l'entendre. La jeune fille lui confirma que jamais elle ne les avait aperçus.

Convaincu que se tramait là un enchantement dont ses frères d'armes étaient prisonniers, Lancelot se saisit de sa longue lance étincelante, se coiffa de son heaume, et se lança au galop vers le fond de la vallée. Morgane guettait du haut de son château. Les étoiles l'avaient avertie de la venue du blanc chevalier, et elle savait que nul adversaire ne serait plus difficile à vaincre. Il était si fidèle à la reine qu'elle ne pouvait espérer l'emprisonner, l'anneau magique de Viviane lui avait révélé le secret de la vallée, et de tous les chevaliers, il était le plus brave et le meilleur aux armes.

Alors la fée convoqua toutes les ressources de son savoir pour susciter devant le jeune homme les apparitions les plus terrifiantes. Un énorme dragon cracheur de feu, si réel que le cheval de Lancelot refusa tout net d'avancer, deux géants armés de massues, une muraille de flammes, et bien d'autres mirages se dressèrent devant lui. Ignorant la peur, il se lança vers le danger, sans dévier d'un pas et, chaque fois, traversa l'image sans substance réelle, suscitée par Morgane qui espérait le détourner ainsi de sa mission.

Ses enchantements mis à jour et sa science en échec, Morgane elle-même apparut enfin devant Lancelot. Forcée de reconnaître sa défaite, elle remit entre les mains du jeune homme ses cent soixante-dix-sept prisonniers. « Adieu, lança-t-elle, en s'éloignant. Pour cette fois tu es vainqueur. Mais désormais je m'attacherai sans répit à suivre ta destinée et un jour la victoire sera mienne. Tu seras mon prisonnier et je t'arracherai du cœur l'amour que tu éprouves pour l'épouse de mon frère. »

Sans prendre la peine de lui répondre, Lancelot s'engagea sur le chemin du retour, à la tête de ceux qu'il venait de libérer. Tous se réjouissaient de regagner enfin le monde auquel ils appartenaient, de retrouver leurs amis et leurs amours.

À peine eurent-ils franchi les limites de la vallée que les sortilèges de Morgane prirent fin. Et c'est alors que, ultime ruse de l'enchanteresse, sa vengeance se révéla dans toute sa cruauté. Hors du Val, le temps s'était écoulé. Certains des prisonniers découvrirent avec douleur que les journées enchantées représentaient des années entières d'une vie humaine. Personne ne les attendait plus. Après avoir pleuré leur disparition, on les avait oubliés, ou remplacés. Leurs parents disparus, leurs épouses remariées — les plus fidèles étaient devenues nonnes —, leurs châteaux écroulés, leurs hautes fonctions aux mains d'hommes plus jeunes ; le monde ne serait jamais plus celui qu'ils avaient connu. Le Val se révélait définitivement sans Retour.

CG

Gauvain à la recherche de Merlin

Plus rien n'était pareil à la cour du roi Arthur depuis que Merlin avait fait ses adieux à son souverain. Le roi demeurait triste, soucieux, et ce départ prenait pour lui des allures de deuil. Tous s'inquiétaient de la peine d'Arthur, sans oser lui en parler ouvertement.

Gauvain était le neveu du roi, mais leur faible différence d'âge, l'admiration et le respect mutuel qu'ils se vouaient, faisaient du fils du roi d'Orcanie le meilleur ami et le confident du roi de la Table ronde. Arthur portait une telle amitié à Gauvain qu'il lui laissait la régence du royaume lorsque ses campagnes l'emmenaient au loin. Fait rarissime, il lui avait même accordé l'honneur de porter Excalibur !

Celui que tous surnommaient le Soleil de la chevalerie demanda un jour clairement à son oncle la cause de son chagrin. « Je regrette amèrement le départ de Merlin, répondit le roi, je crains ses dernières paroles. Il m'a annoncé que nul ne le reverrait jamais ici. J'aimerais savoir ce qu'il est advenu de lui, dans quelle partie de mon royaume il a élu sa retraite. Cette peine m'est lourde à porter, et je n'y vois aucun soulagement. Merlin disparaissait souvent, sans dire où il allait et pour combien de temps il nous quittait. Mais jamais il ne m'avait adressé un adieu définitif. Or maintenant je ne sais plus rien de mon vieil ami, lui qui m'a fait roi et m'a sagement conseillé sur le dur chemin du pouvoir. »

Gauvain décida sur-le-champ de rassembler les trente meilleurs chevaliers de la Table ronde, et n'eut aucun mal à les convaincre de partir à la recherche de Merlin. « Nous irons en tous sens, fouillant toutes les terres connues, notre quête durera un an au moins, plus longtemps si le roi le souhaite », leur fit-il jurer. Ils partirent en troupe explorer le royaume de Logres, dans l'île de Bretagne. Mais cela ne convenait pas à Gauvain. « Je ne crois qu'à la quête solitaire : les belles aventures ne sont pas faites pour les troupes, et l'Autre Monde s'effarouche d'un trop grand nombre de fer-vêtus chevauchant ensemble. » La Forêt Périlleuse qui leur barrait la route lui fournit l'occasion de se séparer de ses compagnons. Ceux-ci, divisés en trois groupes, se lancèrent sur trois chemins larges et clairs qui traversaient les bois. Gauvain s'enfonça seul dans un étroit sentier. Sur son merveilleux cheval Gringalet, il parcourut Logres, posant mille questions, suivant les plus menus indices, mais au bout de trois mois, il n'avait rien appris de la retraite de l'Enchanteur.

Il s'en revenait par la Forêt Périlleuse et chevauchait si préoccupé de sa quête qu'il ne vit pas arriver en face de lui une demoiselle bien parée, montée sur une jument richement harnachée. Il ne lui prêta aucune attention et omit de la saluer. La demoiselle, courroucée, fit faire demi-tour à sa monture et rejoignit le chevalier. « Gauvain, lui lança-t-elle, tu ne mérites pas ta réputation. On prétend que tu es le meilleur des compagnons de la Table ronde, que ta courtoisie n'a pas d'égale, que nul ne sert les dames mieux que toi. Que tu sois sans rival dans les combats et les tournois, je veux bien le croire. Mais tu viens de manquer à la courtoisie de la plus honteuse manière. Depuis quand un chevalier rencontre-t-il une dame seule dans la forêt sans la saluer ni lui proposer son aide ? Jamais je n'ai subi un tel affront, et il m'advient par celui qui prétend être la Rose et le Rubis de la Table ronde. »

Gauvain était morfondu. « Demoiselle, je me suis conduit comme le plus crotté des vilains ne le ferait pas. J'étais si absorbé dans le souci d'une promesse faite à mon roi que j'en ai oublié le monde alentour. J'en ai grande honte et vous supplie de me pardonner. » Et il s'ouvrit à la demoiselle de sa quête et de son échec.

« Je ne peux te pardonner : en m'insultant tu as insulté toutes les dames, et jusqu'aux fées de cette forêt. Tu auras de moi punition, puis pardon. Ta peine sera de ressembler au premier homme que tu croiseras sur ce chemin, mais cette métamorphose ne sera pas définitive. Et comme je veux moi aussi aider le roi Arthur, sache que celui que tu recherches n'est pas dans ce royaume. Passe la mer et rends-toi en Petite Bretagne, dans la forêt la plus vaste. Là tu auras de ses nouvelles. Et, partout, veille à bien saluer les demoiselles. »

Moins d'une heure plus tard, le chemin de Gauvain croisa celui de Brangore, fils du roi d'Estrangore, et de Baune de Clamodan, sa bien-aimée. Brangore, valeureux chevalier, beau par le visage et homme de grand courage, avait été traîtreusement transformé en nain, mais Baune lui avait gardé sa foi, et le roi Arthur lui-même l'avait armé chevalier. Instruit par sa mésaventure, Gauvain salua la dame avec empressement, mais ne lui proposa pas son aide, afin de ne pas offenser le tout petit chevalier. Tous trois échangèrent quelques mots aimables, et reprirent leur route.

Peu de temps après cette rencontre, Gauvain se sentit soudain faible. Devant lui, Gringalet se mit à grandir à vue d'œil : la tête du cheval bouchait le chemin, Gauvain ne voyait que les plus hautes branches entre les oreilles de sa monture. Inquiet, il voulut repasser au trot, mais ses mains, curieusement petites, n'exerçaient aucune traction sur les rênes, pas plus que ses jambes, raccourcies à la taille de celles d'un enfant de huit ans, ne pouvaient étreindre les flancs du cheval. Ses vêtements, il s'en rendait soudain compte, flottaient autour de lui, l'engonçant dans d'épais plis de tissu. Saisi d'horreur, il se vit comme il était : un chevalier nain, perché sur un grand destrier. Maléfice, fièvre soudaine, hallucination ? Il ne comprenait pas. Puis les paroles de la demoiselle lui revinrent : « Tu ressembleras au premier homme que tu croiseras sur ton chemin… » Il crut défaillir devant l'horreur de sa situation. Peu à peu, la mémoire lui revenait : « … mais ta punition ne sera pas définitive », avait ajouté la cruelle jeune fille.

Perdu au cœur de la forêt, que lui restait-il à faire, sinon continuer sa route vers la Petite Bretagne, comme celle qui l'avait si bien puni lui en avait donné le conseil. Il se décida à passer la mer et poursuivit sa quête en Bretagne Bleue. Il parcourut encore et encore la terre armoricaine, demanda partout ce qu'on savait de Merlin. En vain. Personne ne lui donnait de nouvelles de l'Enchanteur, et rares étaient ceux qui prenaient la peine d'aider cette réduction de chevalier. Cependant Gauvain savait encore se battre, avec la même ardeur et la même habileté qu'auparavant, et les Bretons apprirent vite à ne pas se moquer de sa petite taille.

Le neveu du roi voyait avec inquiétude s'écouler le temps : à la fin de son année de quête, il allait devoir rentrer à la cour d'Arthur, où il serait deux fois honni, pour son échec et pour sa cruelle difformité. Il lui restait un seul espoir, la plus vaste forêt de Bretagne, Brocéliande, dont les Bretons lui disaient merveille.

Lorsque Gringalet vit devant lui l'étendue sombre de Brocéliande, il se mit à galoper, plein d'entrain, hennissant joyeusement. La forêt était belle et profonde, et Gauvain laissa aller son cheval, la bride sur le cou. Le cheval semblait connaître le chemin. Il prenait une direction, puis une autre ; Gauvain renonça à tenter de se repérer.

Après des heures d'errance, au fond d'une belle vallée où courait un frais ruisseau, il entendit une voix furtive, lointaine. Il se tourna dans sa direction : au ras du sol flottait un léger nuage, comme une muraille immatérielle. Il avança vers la nuée, qui se figeait comme un cristal. La voix parlait toujours, plus clairement. Gauvain lui trouvait quelque chose d'étrange et de familier à la fois. Puis ce fut le silence. Gauvain s'approcha encore, jusqu'à ce que son cheval vienne buter contre un mur invisible. Gauvain entendit la voix désincarnée prononcer son nom :

« Gauvain, Gauvain, te voici enfin.

— Nommez-vous, ou montrez-vous, qui que vous soyez.

— Ne sais-tu pas qui je suis ? Avez-vous déjà tous oublié le son de ma voix ?

— Merlin ? murmura Gauvain, serait-ce vraiment vous qui me parlez ?

— Il n'y a guère, tu ne m'aurais pas posé cette question. Je suis donc bien loin de vos pensées. Ah, je ne mérite pas un traitement si cruel, moi qui vous ai tant aidés, servis, aimés. »

À mesure que la voix discourait, les souvenirs affluaient à l'esprit de Gauvain. Il revoyait l'Enchanteur debout auprès du roi, il reconnaissait ses intonations quand il conseillait, ou quand il racontait les terres lointaines. Il retrouvait la voix grave qui leur apprenait à voir plus loin que l'apparence des choses, et la voix courroucée qui les remettait dans le droit chemin lorsque leur orgueil ou leur irréflexion avaient dépassé les bornes.

« Merlin, pardonnez-moi, je vous reconnais maintenant. Je vous en prie, montrez-vous, le roi vous le demande par ma bouche.

— On ne me verra plus dans ce monde. J'en ai disparu à jamais et tu m'entends pour la dernière fois. Après ton départ, je ne parlerai plus à homme qui vive, et ce chemin disparaîtra. Viviane m'a enfermé de si puissante façon que nul, pas même elle, ne peut défaire l'enchantement qu'elle a tissé. Je resterai dans la forêt, invisible à tous. Je contemplerai le monde, mais le monde ne m'apercevra point.

— Merlin, toute votre magie ne vous sert à rien ?

— J'ai remis moi-même le secret de l'enchantement le plus puissant dans les mains de Viviane.

— Merlin, quelle folie vous a saisi pour perdre ainsi cette liberté que vous aimiez tant ?

— L'amour, certes, qui fait du plus sage le plus fou. Mais l'amour seul n'aurait pas suffi à me faire tout oublier. Je savais quel usage Viviane allait faire de cet enchantement ultime.

— Pourquoi avoir forgé vos propres chaînes ?

— C'était ma destinée, et je devais y obéir. Du moins cela s'est-il fait dans le lieu que j'aime le plus au monde.

— Vous êtes heureux d'être prisonnier ?

— Qui te parle de bonheur ? Il me fallait quitter le monde des hommes, comprends-tu cela ?

— Comme vous devez haïr celle qui vous a enserré dans cette prison invisible !

— Je ne la hais point. Elle est l'instrument du destin, comme j'en suis le jouet. Dans ma solitude, elle se tient souvent à mes côtés. Elle est un peu ma sœur et un peu ma fille en même temps que ma compagne. Elle et moi parlons le même langage : bien peu d'hommes peuvent se réjouir d'un tel avantage.

— Que dirai-je à Arthur, notre roi, qui vous attend et souffre de votre absence ?

— Le quitter a été ma plus dure peine. Il doit se passer de moi et régner seul. Tout ce qu'il devait savoir, je le lui ai appris. Je l'ai enseigné, protégé, couronné. À lui de continuer le chemin solitaire des rois et, le temps venu, de choisir sa voie. Sa fortune s'accomplira comme la mienne s'est accomplie.

— Est-ce là le seul message que je lui délivrerai ?

— Salue-le et dis-lui combien je l'ai aimé. Répète-lui que dans ce monde je ne le reverrai plus, mais que dans une autre vie, peut-être… »

La voix s'affaiblissait.

« Merlin, est-ce déjà la fin ?

— Salue aussi la reine et les barons, tous les loyaux chevaliers, et raconte-leur la fin de mes aventures. Qu'ils ne cherchent plus la route qui mène jusqu'à moi, ils ne la trouveront pas. Brocéliande me dissimule, Brocéliande brouillera les pistes. Toi-même, tu ne pourras plus repasser en ces lieux.

— Merlin, tous pleureront quand je répéterai vos paroles. Ne me direz-vous rien de plus ? »

La voix semblait maintenant venir de très loin.

« Adieu Gauvain, repars vers le roi. Ne te décourage pas, reste le modèle de toute chevalerie, et le chemin du retour défera le mal qui a été fait. Va maintenant, et que la forêt te protège. »

Gauvain repartit, baigné dans la splendeur de Brocéliande. Il savait que les esprits de Merlin et de Viviane habitaient la forêt, mais il ne pouvait s'empêcher de pleurer, en lui-même, parce que les hommes devraient apprendre à vivre sans Merlin. Lui qui avait craint de revenir sans nouvelles redoutait maintenant celle qu'il allait annoncer au roi.

Il repassa la mer, prit la route de Logres. Dans la forêt, il entendit crier une demoiselle ; il se précipita et la délivra de ses assaillants, puis, un genou en terre, la salua profondément. Lorsqu'il se releva, il avait retrouvé sa taille. Alors seulement il reconnut la jeune femme qui l'avait si durement châtié. Il la remercia encore, puis reprit sa route, seul, vers la cour du roi Arthur.

CG

Morgane

Le vent de l'hiver mugit à travers les fenêtres d'une grande forteresse construite sur les hauteurs du Val, invisible aux regards profanes. Dans la grande salle du château, un adolescent aux cheveux de cendres et au regard sombre mange silencieusement. À l'autre bout de la table, une femme le contemple.

« Mère, avez-vous aimé ? »

La femme est surprise. Elle ne s'attendait pas à une demande si abrupte. Elle essuie ses lèvres d'une pièce de linge blanc. Elle pose sans bruit son couvert auprès de son écuelle et rejette nerveusement en arrière sa longue chevelure noire. Elle répète pour elle-même, comme dans un lointain écho, la question de son fils Mordred.

« Si j'ai aimé ? »

Elle se le demande encore aujourd'hui. Et les souvenirs affluent.

Elle était jeune et vivait à la cour du Roi Arthur, son frère. Elle était aimée, adulée même. Merlin, son maître, l'initiait aux mystères de la Haute Magie, au Grand Œuvre. Il répétait avec fierté qu'elle se montrait la plus douée des élèves. Elle apprit les quatre fondements de leur foi, l'astrologie, l'astronomie, l'art de guérir par les simples et la nécromancie. Lorsqu'elle eut accompli tout le cycle son Enseignement, Morgane était devenue aussi experte que Merlin. Celui que l'on baptisait familièrement l'Enchanteur s'inclina devant elle, Morgane la fée, la maîtresse des destins. Qu'allait-elle faire de ses pouvoirs ? Devait-elle les mettre au service de la lumière, ou œuvrer pour les forces de la nuit ? Elle ne pouvait se contraindre à suivre la destinée commune des autres femmes. Attendre un homme, veiller dans son ombre, tout cela n'était pas pour elle. Elle avait tellement besoin d'être regardée, aimée, de briller au centre des attentions de tous. Peu à peu, suivant sa voie solitaire, elle se tailla une réputation à sa mesure. Ce qui rendait sa belle-sœur Gwenhwyvar plus blême que de coutume. Elle était Morgane, la femme la plus luxurieuse des Bretagne et nul chevalier ne lui résistait. Si elle ne les attirait pas par ses charmes naturels, elle faisait appel à ceux de la magie. Mais séduire tous les hommes signifiait-il les aimer ? Et en être aimée ?

De l'autre côté de la mer, en Petite Bretagne, un jeune homme du nom de Guyomard vivait dans la forêt de Brocéliande. Il avait entendu parler du roi Arthur et de ses chevaliers de la Table ronde et rêvait d'intégrer ce fameux compagnonnage car il souhaitait ardemment les honneurs et la gloire. Il était engagé auprès d'une jeune fille à qui il avait promis sa foi, ce qui ne l'empêcha pas de la quitter un beau matin, en s'engageant à revenir l'épouser dès qu'il serait adoubé.

Après une traversée mouvementée et quelques jours de chevauchée harassante sur son roncin, il arriva à Caerléon la veille de la Pentecôte. À son habitude, le roi Arthur y tenait sa cour. La nuit était tombée lorsque Guyomard fut introduit dans l'enceinte du château. Avec sa générosité habituelle, le roi convia le jeune homme à son festin. Non sans malice, il installa le jeune homme auprès de Morgane. Elle le dévisagea avec intérêt et se sentit curieusement troublée. Son cœur palpitait dans sa poitrine, sa respiration haletante agitait son profond décolleté. Son visage et son cou s'empourpraient. Elle frissonnait malgré la chaleur du banquet. Guyomard ne prêtait pourtant aucune attention à celle qui était la première femme du royaume, après la reine Gwenhwyvar. L'écuyer n'était épris que de hauts faits d'armes. Les choses de l'amour n'effleuraient pas un seul instant son joli front. Il demanda au roi, comme une grande faveur, de l'adouber chevalier : satisfait de la belle allure du garçon, le roi y consentit. Ceci inquiéta fort Morgane : elle craignait qu'une aventure ne survienne à la cour et que Guyomard ne s'y précipite, pour prouver à tous sa valeur. Elle qui ne s'était jamais beaucoup inquiétée pour ses amants tremblait maintenant pour ce beau visage. Elle décida, pour une fois, de demander l'aide de sa belle-sœur. La reine se laissa convaincre : rendre service à Morgane lui permettrait de mener ses propres amours à sa guise, sans craindre les critiques de la redoutable demi-sœur du roi. Gwenhwyvar prit le jeune chevalier à son service.

D'abord honoré par ce choix, Guyomard fut vite déçu. Lui qui était prêt à livrer combat, à croiser le fer en lice ou dans la forêt, il se retrouvait réduit au rôle d'homme de compagnie, à peine plus qu'un page. Cela ne pouvait durer. Quelques jours plus tard, sa décision était prise. Il allait regagner sa terre natale, la Bretagne bleue. Peut-être aurait-il là-bas plus d'occasions de rencontrer l'aventure ? Parviendrait-il à y faire valoir sa bravoure ?

Quelle ne fut pas la déception de Morgane lorsqu'elle apprit les projets de départ de Guyomard. Elle le fit quérir en hâte, mais il était déjà en route pour Brocéliande. Bien décidée à le rejoindre, Morgane fit apprêter un équipage. Elle arriva dans la forêt aux premiers jours de février. La nature s'éveillait lentement. Elle fit halte dans la taverne d'un petit village niché au creux d'une vallée. Le tenancier, qui n'avait jamais vu si bel équipage et si noble dame, était prêt à lui donner toutes les informations qu'elle souhaitait. Elle s'enquit de Guyomard, et l'aubergiste lui répondit, l'air goguenard et l'œil complice : « Mais il est dans le Val ! »

Morgane se fit indiquer le chemin et se hâta vers l'entrée du Val. Elle laissa sa monture à l'entrée d'un sentier forestier le long duquel serpentait une jolie rivière. Soulevant sa robe, elle s'engagea d'un pas décidé sur le chemin. Elle passa un petit étang : un peu plus loin, dans un havre de verdure, se cachait Guyomard. Hélas, il n'était point seul. Il tenait dans ses bras une toute jeune femme, sa fiancée. Morgane ne put s'empêcher de pousser un cri.

Le chevalier, stupéfait, fit face à la sœur du roi. Ce n'était pas la belle Morgane qui se dressait devant lui, mais une femme en colère, une vraie furie. Ses yeux étincelaient de colère. La rage déformait son visage, un horrible rictus déformait la courbe pleine de ses lèvres.

Les fiancés se levèrent prestement pour fuir le courroux de la fée qui ne tarda pas à fondre sur eux tel un oiseau de proie. Elle joignit ses mains au-dessus de sa tête dans un claquement sec. Aussitôt les deux amants sentirent leurs corps se pétrifier. Transportés par un souffle violent, ils furent déposés au sommet du Val, transformés en deux rochers se faisant face pour l'éternité.

Morgane regardait les deux blocs de schiste surplombant l'étang. Y a-t-il pire souffrance pour deux êtres qui se désirent que de ne jamais pouvoir se toucher, se demandait-elle ? Elle pensa avec une ironie méchante que, de là-haut, leur éternité jouirait d'une vue magnifique. Mais elle n'était toujours pas apaisée. Elle en voulait à la terre entière de s'être fait berner par un petit chevalier, elle, l'irrésistible Morgane. Elle fit encore appel à ses pouvoirs et lança un charme sur toute la vallée. Elle décréta à cet instant que si le cœur, la pensée ou le corps d'un homme étaient infidèles à sa bien-aimée, celui-ci ne ressortirait plus jamais du Val. C'est pourquoi cette partie de Brocéliande a pris le nom de Val des Faux Amants ou Val sans Retour.

Aujourd'hui, le promeneur ne voit plus la forteresse dans laquelle Morgane s'est retirée. Mais sa présence s'impose dans la beauté du paysage, complexe et tourmenté.

Mordred regarde sa mère. A-t-elle su donner et se donner ? A-t-elle aimé sans calcul, elle qui rêvait de faire l'unanimité dans le cœur des hommes ? Il se rappelle l'ancienne beauté de cette femme. Il comprend que lorsque la brume envahit les sens et que le froid durcit le cœur, il ne reste plus que la haine, et que nulle beauté ne peut alors survivre.

Il lui vient l'envie de se lever et d'aller crier dans le Val que Morgane n'est pas cruelle, qu'elle n'est pas non plus une sorcière. Qu'elle est simplement une femme qui doute et qui souffre.

MT

Brun de la Montagne (les trois vœux des fées)

Grand émoi au château de Butor, sire de la Montagne, en ce jeudi de fin d'avril. La jeune épouse du maître des lieux va sans tarder donner le jour à l'enfant qui prolongera la lignée des seigneurs de la Montagne. Comme tous ses semblables, le futur père lutte contre l'angoisse en arpentant à pas furieux les couloirs qui mènent de la grande salle aux appartements des dames. Au passage, il rudoie tous ceux qui passent à sa portée, puis se repent, s'agite, bref se montre raisonnablement insupportable pour un vieux seigneur qui espère ardemment un premier fils. Par bonheur pour lui (et pour son épouse), la naissance ne se fait pas trop attendre. Des cris vigoureux retentissent dans la chambre, si sonores que Butor sait d'avance ce que les sages-femmes, aussi pleines de fierté que si elles avaient fait cet enfant elles-mêmes, viennent lui annoncer : un fils lui est né, un beau garçon parfaitement constitué, vigoureux et bien membré.

Butor se précipite auprès de son épouse, pleure de joie en l'embrassant, contemple avec admiration son héritier, court à la chapelle pour remercier le Seigneur. Il revient dans la chambre de la jeune accouchée, porteur d'un coffret ouvragé, et offre à sa Dame une couronne d'or et de perles, un collier de rubis. Il n'a pas oublié la robe d'or qu'elle revêtira pour ses relevailles, ni le manteau de zibeline noire qui la protégera du froid dans l'église. Après tant d'émotions, la jeune mère s'endort brusquement, et l'enfant en fait autant.

Mais Butor a dans l'esprit un projet qu'il caresse depuis qu'il a appris qu'il allait être père. Son château s'élève à deux lieues de la grande forêt de Bersillant, refuge des fées, et domaine privilégié des exploits du roi Arthur. Il sait que si l'on a le courage de conduire un nouveau-né la nuit à la Fontaine aux Fées, la fontaine qui rit et dit l'avenir, l'enfant bénéficiera des vœux des fées, qui lui apporteront honneur et profit. Encore faut-il que le bébé soit âgé de moins d'une semaine. Butor sait aussi que ce moment de l'année est le meilleur pour rencontrer les enchanteresses. Alors il envoie des messagers convoquer ses cent barons. Il veut leur avis, car si la protection des fées est un gage indiscutable de belle et bonne vie, la traversée de la forêt nocturne s'annonce extrêmement périlleuse et plus d'un y a laissé sa vie.

Lorsque Butor retrouve ses cent hommes liges dans la salle du conseil, la discussion est mouvementée. Il attend fermement que ses hommes se rallient à son idée. Les barons se montrent pour le moins réticents. L'entreprise leur paraît hasardeuse : l'enfant est déjà bien pourvu par ses parents et par la nature, alors pourquoi risquer de tout perdre en l'envoyant de nuit sur ces chemins dangereux. Certains en viennent à douter de la santé mentale de Butor : après avoir espéré si longtemps un héritier, pourquoi veut-il l'exposer aux périls des bois de Bersillant ? Les barons décident cependant d'être fidèles au serment qu'ils ont fait, de soutenir leur seigneur en toute occasion. Ils escorteront le nouveau-né. Quatre d'entre eux, les meilleurs, iront jusqu'à la fontaine elle-même, les autres protégeront le chemin et patrouilleront dans le bois. Les ordres ont été clairement énoncés, chacun va se reposer ou préparer son équipement.

Mais Butor a une autre discussion, plus délicate encore, à mener à bien. Son épouse ne sait rien de ses projets, il va devoir la convaincre, et il sait que ce sera une rude partie.

Butor ne s'est pas trompé. Dès qu'il expose son dessein à la jeune mère, elle lui oppose un refus très net. « Auriez-vous perdu l'esprit, mon époux ? Voici plus de vingt ans que vous suppliez Dieu et tous les saints du paradis de vous donner un fils. Il vous en est né un, aujourd'hui, paré de toutes les qualités qu'on peut trouver chez un si jeune enfant. Et vous voulez l'envoyer au-devant des loups, des lions et des serpents, et de tous les diables de la forêt ?

— Ma mie, exposer le fils premier-né aux fées est une très ancienne coutume de ma famille. Il ne nous en est advenu que du bien, et je ne supporterai pas d'être le premier à briser cette chaîne ancestrale.

— La chaîne se brisera bien plus sûrement si votre fils devient la proie d'un fauve dans la forêt de Bersillant. On m'a rapporté que, la semaine dernière encore, une dame qui voulait mettre son enfant sous la protection des fées s'est enfoncée dans la forêt avec son époux et leur fils nouveau-né. Savez-vous quel sort les attendait ? Son époux a été occis par le Chevalier qui ne demande jamais de rançon, et pendant qu'il combattait un énorme serpent s'est emparé de l'enfant et l'a englouti en un instant. On a porté la dame en terre hier, aux côtés de son époux.

— N'ayez point de crainte. Cent de mes plus fidèles féaux, vêtus de fer et armés jusqu'aux dents, veilleront sur notre fils. Nulle bête féroce ne pourra s'approcher de notre précieux héritier.

— Il est en cette forêt des périls qu'aucun homme ne parvient à combattre.

— Nous avons toujours servi fidèlement les fées et tous les esprits de Bersillant, ils ne rompront pas l'alliance avec ceux de mon lignage.

— Je vous avais toujours cru bon chrétien, seigneur. Les fées sont-elles des dames que Jésus et Sa sainte mère ont en amitié ?

— Mes aïeux, je vous le répète, fréquentaient les fées longtemps avant que la première messe ne soit chantée sur cette terre. Je suis certain que Jésus et la Vierge Marie se réjouiront grandement de voir cet enfant venir à eux au baptême déjà auréolé de l'attention des fées. Au moment de laisser partir notre fils vers la forêt, je prierai la Dame des Cieux d'intercéder auprès des fées, afin que leurs dons soient généreux. »

La châtelaine n'est guère convaincue. Elle craint les fées, et plus encore la forêt. Elle pleure et supplie son époux. Celui-ci, voyant qu'il ne parvient pas à la persuader, tente une autre tactique avec des arguments qu'il croit irréfutables. Il lui rappelle tous les bienfaits dont il l'a comblée, et soupire hypocritement sur ce gage d'amour qu'elle lui refuse, le premier pourtant qu'il lui demande. Certes, si elle persiste, il se résignera, mais il en gardera toujours la douleur… La jeune mère redouble de pleurs. Elle pleure sur son fils, sur son époux qui l'oblige à un choix si douloureux, sur elle-même, elle se tord les mains et gémit. Butor sent sa faiblesse, insiste encore. Dans un dernier sanglot, elle cède enfin. « Je prierai toute la nuit, de l'instant où mon fils me sera arraché jusqu'au moment où je le tiendrai à nouveau dans mes bras. Et sachez que si le malheur devait le frapper, vous perdriez une épouse en même temps qu'un fils, car j'en mourrais sur l'heure. » Elle est si faible et si pâle que Butor est près de renoncer. Mais la nuit approche, et les fées n'attendront pas.

Le ciel semble trop étroit pour contenir toutes les constellations qui s'y pressent. Des pluies d'étoiles filantes traversent la nuit. Sous la clarté de la lune, la forêt scintille puis s'enténèbre, les chemins plongent dans une obscurité frémissante de vies mystérieuses. Instinctivement, l'escorte du petit prince s'est mise au pas, et observe le silence. Les hommes pressentent qu'une âme inconnue leur fait face. Ils s'imaginent à chaque pas voir surgir de l'ombre les héros des récits de leurs veillées. Mais ils ont une mission à accomplir et ils chassent les rêves qui les enveloppaient déjà. Les premiers chevaliers prennent leur poste à l'entrée du chemin. Les autres se dispersent dans le sous-bois, aux aguets. Les naseaux des chevaux fument, une douce brume s'élève du sol. Les cris habituels se sont tus : nulle chouette ne hulule, aucun cerf ne galope. Oiseaux, insectes, rongeurs, serpents et même grenouilles, tous suspendent leur souffle devant le cortège qui mène l'innocent vers les fées.

Les quatre fidèles, garde rapprochée de l'héritier de la Montagne, aperçoivent enfin un énorme châtaignier, le roi de la forêt : d'entre ses racines sourd la fontaine qui luit comme de l'argent dans la clarté lunaire. Devant lui, la clairière forme un joli dôme d'herbe douce, cerné par le ruisseau issu de la fontaine. Les herbes fleuries se penchent doucement au bord de l'eau. Bruiant, le plus âgé des quatre, pose avec délicatesse l'enfant sur l'herbe. Puis avec ses trois compagnons, il se cache derrière l'arbre, dans les buissons. Leur angoisse est grande de voir le nouveau-né ainsi exposé, mais la paix profonde des lieux les pénètre peu à peu.

La main sur leur épée, ils attendent, entre rêve et réalité, entre sommeil et veille. Un chant lointain, à peine un souffle, s'élève dans la profondeur des bois. La phrase se répète, puis une autre voix, aussi immatérielle, lui répond ; les deux voix s'unissent, puis la première reprend sa mélodie. Une troisième se joint au chant. Tour à tour ensemble, puis séparément, elles enchaînent des mélodies d'un autre monde. Voix des fées ou voix des anges, aucun des quatre chevaliers ne sauraient trancher. Les voix se rapprochent, la musique emplit la clairière.

Comme vibre une pure lumière, trois pâles silhouettes frémissent un instant au bord du ruisseau, puis le franchissent, d'un pas si léger qu'il ne semble pas toucher le sol. Seul un froissement de soie signe leur passage. Les quatre hommes, dans leur abri de branches, oublient leurs craintes. La beauté des dames entre dans leurs yeux, dans leur cœur. Les longues robes blanches laissent les épaules et les gorges à découvert. À peine retenus sur le front par une couronne d'or, les cheveux croulent en boucles pâles plus bas que la taille. Se tenant par la main, elles dansent autour de la clairière, et leur ronde se referme autour du petit enfant.

La plus grande des trois, la plus richement parée, se penche vers le fils de Butor : « Une chose est certaine, cet enfant n'a pas encore deux journées de vie. Il nous a été amené comme il convient, par quelqu'un qui sait les vieilles coutumes.

— Il est si jeune. Quelle peine pour lui, de venir jusqu'ici. Ma dame, il mérite belle récompense », lui répond la seconde.

Comme la Dame fée ne dit rien, la seconde continue :

« Pour ma part, je lui offre la beauté et la vaillance. Toute la beauté dont il pourra rêver, le courage à la guerre comme dans les tournois, et à tout moment de sa vie. Voici ce que je puis lui donner. Dame, vos pouvoirs sont plus grands que les miens, je vous en prie, soyez bienveillante, et dotez-le mieux que je ne l'ai fait.

— Demoiselle, répond la Dame, quelle outrecuidance de me donner des ordres, et quelle imprudence de doter cet enfant avant moi. Pour vous faire regretter cette sottise et vous éviter de la recommencer, je doterai cet enfant du malheur de l'amour. La première demoiselle qu'il aimera se détournera de lui.

— Cet enfant est de haut lignage, intervient la troisième. Je prendrai soin de lui en toute chose jusqu'à ce premier amour. Et je me tiendrai alors à ses côtés pour adoucir son chagrin.

— Je ne sais pourquoi, reprend la première, mais cet enfant vous fait oublier les usages, à l'une comme à l'autre. Je ne lui retirerai pas vos dons. Mais je ne modifie en rien ce que je lui ai octroyé.

— Dame, je pourrais l'élever loin du monde et de ses chagrins, en un manoir reculé, puisque vous le poursuivez de votre colère qu'il n'a pas méritée.

— Toutes deux, vous êtes cause de ma colère ; vous m'infligez peine et honte. J'aurais pu tout offrir à cet enfant, si vous n'aviez pris la place que je devais occuper auprès de lui. Le mal est fait : son premier amour le fera souffrir, sa dame le renverra et épousera un vilain vieux bossu. Il souffrira et pour cela on le surnommera le Nouveau Tristan.

— Cela suffit, crie la troisième. Vous dites que vous aimez cet enfant, et vous lui offrez chagrin et tristesse. Eh bien je lui promets qu'après cette passion malheureuse, il aura la plus belle amie qui soit née sur la terre. Et vous, ma Dame, essayez de vous montrer moins orgueilleuse, car plus une dame est noble et puissante, plus elle doit être généreuse et compatissante. »

Elles cessent là leur dispute, et pour un moment encore se penchent sur l'enfant, le cajolent, l'embrassent. Puis la première se redresse : « Il est temps de quitter ces lieux. » Elle se tourne vers la deuxième fée : « Tu vas bientôt commencer à mettre tes promesses à exécution. » Enfin, s'adressant à la troisième : « Tu n'as pas de temps à perdre si tu veux tenir l'engagement que tu viens de prendre. Moi, j'ai tout le temps de réaliser ma prédiction. »

La troisième reste un instant seule avec le bébé : elle dénoue ses langes, les remplace par une couverture de soie et de fil d'or, et lui passe au pouce un petit anneau d'or. Elle l'embrasse encore, et encore. Mais le ciel commence à s'éclaircir, elle doit courir rejoindre ses compagnes dans l'ombre des chênes. Les silhouettes diaphanes se fondent entre les arbres. L'enfant reste seul près de la fontaine, sous les branches du grand châtaignier.

L'escorte arrive au château sous le soleil levant. La châtelaine pleure de joie en retrouvant son fils ; Butor se fait raconter, par le menu, tout ce qu'ont dit les fées. Son esprit ne veut pas entendre que son fils souffrira d'un amour déçu. Il ne garde du récit que les vœux qu'il souhaitait entendre : force physique, courage, habileté aux armes et gloire au combat. Son épouse n'est guère plus contrariée par la malencontreuse prédiction. Son enfant est revenu sain et sauf, il vivra d'une façon digne de son rang, le reste lui importe peu. Et il ne sera pas le premier héritier de grande famille à faire, le cœur douloureux, un mariage de raison. Son mari la rejoint, la félicite et la remercie : quelques autres joyaux rejoignent une cassette déjà bien garnie. Puis tous deux devisent d'un souci immédiat : quelle nourrice donner à leur fils ? Le père la souhaite solide pour faire un vigoureux garçon, la mère tient à ce qu'elle ne soit point trop rustique, afin de ne pas transmettre avec son lait des manières indignes d'un futur chevalier de haut parage. Ils sont encore à en débattre lorsqu'on vient les prévenir de l'arrivée d'une noble dame, qui voyage seule sur une blanche haquenée.

Butor l'accueille auprès de la cheminée de la grande salle, lui offre vin épicé et fruits confits, comme il convient à une dame de sa condition. Il admire son visage clair, ses cheveux blond pâle, la finesse de sa robe de drap couleur de neige, son manteau doublé de peau de loup blanc. Très vite la dame en vient à l'objet de sa visite. Elle est de bonne origine, sans être de grande noblesse, et elle voyageait avec son mari et son fils nouveau-né. Un accident de cheval a fait périr ces deux êtres qu'elle chérissait. Ceux qui l'ont recueillie lui ont parlé de la naissance du fils du seigneur de la Montagne. Puisqu'elle était la nourrice de son propre enfant, ne peut-elle espérer devenir celle du jeune seigneur ?

La châtelaine ne trouve rien à redire sur l'inconnue : assurément son fils sera en de bonnes mains. Pour lui prouver son amitié, elle lui offre même quelques-unes de ses robes. La nouvelle venue assurera la fonction de nourrice, puis plus tard de gouvernante, de l'héritier des terres de la Montagne. La jeune femme accepte avec reconnaissance et ne formule qu'une seule exigence : qu'on lui permette chaque jour de s'en aller seule quelques heures loin du château.

Enfin on lui apporte l'enfant. Il est étroitement langé, des épaules jusqu'aux pieds. Elle le dépouille de toute la toile qui l'enserre et admire très fort l'anneau ouvragé qu'il porte au doigt. La châtelaine lui assure qu'il s'agit là d'un don des fées. La dame sourit mystérieusement, et dénoue son manteau. Autour de son cou, à une chaîne d'or, pend un anneau orné du même dessin mais personne ne semble le remarquer.

Elle emporte l'enfant, le soigne, le nourrit, lui chante une douce chanson. Le petit garçon est profondément endormi : elle l'embrasse encore, puis quitte le château sur sa belle jument qui vole d'un trait jusqu'en la forêt de Bersillant. Lorsqu'elle revient, rien n'a bougé dans la chambre.

Une semaine après sa naissance, l'enfant est mené à l'église pour recevoir le baptême. Butor affecte d'ignorer que son fils a reçu de la première fée le nom de Tristan.

« Elle s'est montrée marâtre plutôt que marraine, elle n'a donc point le droit de choisir le nom de mon fils, pense le seigneur de la Montagne.

— Tristan porte la tristesse, confirme la belle nourrice, et de tristesse il n'en aura qu'un temps dans sa vie, je m'y engage, assure-t-elle à Butor.

— Il s'appellera Brun, comme mon ancêtre, et c'est là un nom vaillant, que chacun peut admirer ou redouter. »

Et c'est ainsi que Brun de la Montagne fut baptisé en grande pompe, sous la protection d'une fée de Brocéliande. Elle veilla sur lui jusqu'à ses quinze ans, puis s'en alla près de la fontaine, dans les bois de Bersillant. Le jeune chevalier ne tarda pas à la rejoindre. Là, elle avoua comment il avait été, en ce lieu même, voué aux fées, et le chagrin qu'il devait en attendre. « Cela doit t'arriver, et tu auras pour devoir de le supporter avec un cœur plein de courage. Sois patient, le temps de l'amour viendra. Maintenant, il faut t'en aller rejoindre notre roi à toutes, Arthur fils d'Uther, le roi le plus aimé des fées. Ta première étape te conduira demain au domaine de sa demi-sœur, la fée Morgane. Pour l'instant, je ne peux t'aider davantage. »

Et Brun de la Montagne partit à la rencontre de l'aventure, de l'amour, du chagrin et de la gloire.

CG

Les sortilèges de l'enchanteur Dampnas

Claris et Laris chevauchent depuis le matin. Les paysans rencontrés sur le chemin les ont assurés qu'ils se dirigent bien vers Brocéliande, mais, perdus dans les bois touffus, ils se demandent avec angoisse quel signe leur dira qu'ils arrivent à l'orée de la forêt des enchantements. On le leur a répété : « Recherchez et redoutez Brocéliande, car c'est la forêt de tous les désirs et de tous les dangers. » La crainte et le plaisir liés, l'épreuve et la récompense ensemble promises, voilà bien l'objet de leur quête.

Soudain le chemin ombrageux et étroit s'élargit en une véritable clairière ; au-delà, l'on devine un ciel très bleu. Dans la lumière de l'horizon, quelque chose comme une flamme attire leur regard. Sans se concerter, ils mettent leurs montures au galop, droit vers le scintillement. Le taillis laisse place à une lande toute blonde d'ajoncs, éclairée ici et là de buissons d'aubépines. Au centre se dresse une arche dorée, haute comme le rempart du château de Ladon, forte et élégante à la fois ; dans les sculptures qui l'ornent, ils déchiffrent des étoiles, des femmes drapées de voiles, des coupes, et encore des licornes et des serpents, d'étranges lignes aussi, mystérieusement entrelacées en des dessins qui leur donnent presque le vertige. Des phrases se mêlent, certaines dans des écritures inconnues. À mieux regarder, ils découvrent peu à peu des mots familiers. Ils devinent autant qu'ils le lisent qu'ils sont à l'orée du grand bois que l'on appelle Brocéliande, et que nulle autre forêt ne peut lui être comparée. « Là, disent les inscriptions, les aventures les plus cruelles et les plus traîtresses attendent les chevaliers. Là s'élève le Château Périlleux, domaine du fier Orgueilleux. On y trouve aussi le verger délicieux où sont réunis amour et beauté. La

Roche Perdue, que nul lâche ne peut voir, se dresse au cœur des halliers. Là celui qui veut s'éprouver est sûr de rencontrer des démons et des merveilles. Tous les animaux du monde s'y ébattent. Et la forêt enserre des clairières où les fées aiment se retrouver : au creux des bois, elles possèdent châteaux et maisons, d'une richesse et d'une beauté que plus personne ne sait aujourd'hui égaler. Telle est, conclut l'inscription, la riche lande que l'on nomme Brocéliande. »

Devant eux, un chemin ancien, pavé de dalles usées par les siècles et les pas, se dirige vers une haute colline couverte d'arbres sombres, couronnée de rochers déchiquetés. Au sommet, un château fortifié, sombre et massif, se dresse contre le ciel. À mesure qu'ils avancent, Claris et Laris découvrent que la voie qu'ils suivent en est le seul accès, et qu'un profond précipice cerne les remparts. Plus ils s'approchent du château, plus celui-ci leur apparaît austère, clos, hostile même. Le chemin se fait étroit, bordé de roches coupantes. Des deux côtés, la vallée, de plus en plus profonde, s'emplit d'ombre ; un torrent bouillonne et rugit au fond. Les chevaux renâclent, et il faut toute la science équestre de leurs cavaliers pour les tenir et les contraindre à avancer. Claris s'aperçoit qu'une épaisse fumée s'élève devant la plus grosse tour du mur d'enceinte, là où se termine leur chemin. Il met son cheval au galop, aussitôt suivi par Laris.

La tour et la poterne du château sont bel et bien la proie des flammes. La porte se distingue à peine au milieu de la fournaise : elle est ouverte, mais comment franchir le brasier ? Les deux jeunes gens ont beau pousser leurs chevaux, ceux-ci refusent énergiquement de faire un pas. Soudain, au milieu des crépitements du feu et des hennissements des montures, une voix résonne, rauque et sombre, à peine humaine : « Seuls les meilleurs entreront ici, les meilleurs, et eux seuls. » La voix répète à plusieurs reprises : « Seuls, seuls », puis reprend : « Seuls, à pied, sans leur cheval, sans leur armure… » Claris et Laris se regardent, écoutent encore : la voix continue obstinément à répéter la même mise en garde.

En silence, ils mettent pied à terre. Les chevaux, libérés, s'enfuient au grand galop vers la fraîcheur de la forêt. Pièce à pièce, ils ôtent leur armure, chacun aidant son frère d'armes. Les cuirasses, les grèves, les heaumes gisent bientôt sur le sol, face aux flammes qui dansent toujours plus haut. La voix du feu n'a pas parlé des épées ; alors, la garde bien assurée dans la main, ils s'élancent côte à côte et plongent au milieu de la nuée ardente, les yeux fermés. Ils s'attendent à la morsure du feu sur leur chair, à la douleur ; un court instant, ils imaginent leurs cheveux brûlés, leurs visages déformés. Puis ils perçoivent à la fois un rire lointain et une étrange sensation de fraîcheur. Ils rouvrent les yeux : ils sont dans le château et la tour poterne se dresse intacte derrière. Nul feu ne brûle à son entrée, ses murs ne sont pas noircis et elle étend sur eux une ombre bienfaisante.

Ils n'ont pas le temps de réfléchir à ce mystère. En face d'eux, de l'autre côté du glacis de dalles de pierre, une seconde porte attend, ouverte sur les profondeurs d'un étroit passage. Ouverte — et bien gardée par quatre grands léopards, forts, vifs, aux crocs aiguisés et au regard féroce. L'épée tenue d'une main ferme, épaule contre épaule, Claris et Laris progressent doucement vers la porte. Deux léopards se lèvent et commencent à tourner autour des chevaliers, tandis que les autres guettent paresseusement. Mais dès que le combat s'engage, les deux derniers fauves se jettent dans la mêlée. Durant de longues minutes, ce ne sont que feintes, attaques, esquives, parades. Les griffes tranchent, les épées ne sont pas en reste. Côte à côte ou adossés l'un à l'autre, les deux jeunes gens combattent pied à pied, de plus en plus furieusement jusqu'au moment où les quatre fauves s'enfuient en quelques bonds vers les remparts au pied desquels ils disparaissent soudain. Les jeunes gens reprennent à grand-peine leur souffle, remettent de l'ordre dans leur tenue : miraculeusement, nul coup ne les a atteints, ils ne souffrent d'aucune blessure.

Sur le point d'entrer dans l'étroit couloir que gardaient les léopards, ils entendent à nouveau la voix sombre, au milieu des hurlements d'un vent fantôme. « Chevaliers les plus braves, il vous faut montrer plus de bravoure, toujours plus. Attendez-vous à pire encore… Soyez infiniment plus braves, plus braves, plus, plus, plus. » Et la voix surnaturelle meurt dans une rafale de hurlements.

D'autres hurlements, sans rien d'irréel ceux-là, éclatent à leurs oreilles. Un géant tout armé se précipite sur eux, poussant des cris terrifiants, faisant tournoyer d'une main une gigantesque épée, de l'autre une énorme hache. Une massue pend à sa ceinture, encadrée de deux têtes coupées. Claris et Laris se jettent dans le passage qui s'ouvre devant eux. Un instant ils se croient à l'abri, mais à l'autre extrémité du boyau de pierre apparaît un deuxième géant, jumeau du premier. Les chevaliers peuvent à peine remuer : le passage est étroit, bas de plafond. Les géants lancent de grands coups d'épée dans le couloir, leurs gigantesques corps obstruent les issues. Les jeunes gens s'efforcent un long moment d'esquiver les coups, puis, devant leur impuissance, décident d'attaquer. Chacun choisit son adversaire et ils s'élancent en même temps. Au moment où l'un des géants enfonce son épée dans le couloir, Claris plonge sous la lame jusqu'aux pieds de son ennemi et, se redressant rapidement, lui tranche les jarrets. Le monstre hurle de douleur et s'écroule sur le sol. Laris a exécuté la même manœuvre, mais son géant s'est penché si brutalement que l'épée du jeune homme lui est entrée droit dans le front. Sans un cri, l'énorme corps s'abat au sol, si lourdement que les murs en tremblent.

Haletants, épuisés, tout endoloris, Claris et Laris sortent du couloir et pénètrent dans la haute cour du château. Elle comporte dans un angle un jardin clos, plein de plantes et de fleurs ; un ruisselet y court, sur du gravier clair. Mais ils n'ont pas le temps de profiter du soleil et du charme de l'endroit.

Quatre chevaliers en armure noire les attendent l'épée à la main, et ne tardent guère à entamer un rude combat. Malgré leur fatigue, Claris et Laris viennent rapidement à bout de leurs adversaires qui s'écroulent sur le sol. À la stupéfaction des deux jeunes gens, ils ne restent qu'un instant prostrés : là où ils gisaient, sautillent quatre corbeaux qui prennent leur envol vers la porte du donjon. Celle-ci s'ouvre sur une longue silhouette vêtue de noir. L'homme drapé de voiles couleur de nuit descend les marches, suivi de deux lévriers noirs ; les corbeaux viennent voler en cercle autour de sa tête.

« Approchez-vous, braves et vaillants chevaliers. » Ils reconnaissent la voix de bronze qui deux fois déjà les a interpellés. « Mon nom est Dampnas, et je suis le plus grand magicien que cette terre ait porté depuis que Merlin s'est retiré aux côtés de sa mie Viviane. Je garde les abords de la forêt des merveilles pour que n'y pénètrent que les meilleurs chevaliers et les dames les plus courtoises. Jusqu'à ce jour, personne n'avait réussi à vaincre mes gardiens. Ils vont pouvoir se reposer un peu. Mais vous, vous n'en avez pas fini avec mes enchantements. Vous êtes à ma merci, et je veux voir jusqu'où s'élève votre bravoure ; voici un duel où vos armes ne vous seront d'aucun usage. » Sa voix s'intensifie brusquement : « Après la fureur des combats, affrontez maintenant celle de la nature. »

À peine Dampnas a-t-il fini sa phrase que, dans un grondement sourd, le sol se met à vibrer. Les vibrations s'amplifient, la colline craque sous les pieds des jeunes gens, le donjon lui-même oscille légèrement. La sombre silhouette de l'enchanteur, seule, reste droite, alors qu'autour de lui tout semble prêt à s'écrouler.

« Aidons tout de suite les habitants du château à s'échapper, s'exclame Claris. Ils doivent quitter au plus vite ces bâtiments prêts à s'effondrer.

— Va vers les appartements du donjon ; moi je m'occupe de ceux qui travaillent aux cuisines et aux écuries, répond Laris.

— N'oublie pas de libérer les chevaux, les chiens et les faucons », trouve encore le temps de s'inquiéter Laris.

Une énorme faille qui s'ouvre dans le sol les empêche de traverser la haute cour. Des hurlements retentissent de toute part dans le château. Claris et Laris cherchent autour d'eux des planches, une échelle à jeter en travers du fossé, des cordes.

« Tremblez, gémissez devant mon pouvoir », clame toujours Dampnas, qui fait tournoyer au-dessus de sa tête sa grande cape de nuit.

En réponse à son geste, le ciel jusque-là ensoleillé se couvre de nuées grises, pourpres, noires. Le hurlement du tonnerre fait écho au fracas de la terre, les éclairs sillonnent le ciel, une pluie torrentielle s'abat sur le château ravagé. Claris et Laris essaient de parvenir jusqu'aux portes, et s'affalent dans la boue. Sur le sol, l'eau forme un torrent qui les emporte à moitié ; Laris, en essayant de retenir son compagnon, s'enfonce dans une des crevasses ouvertes par le tremblement de terre.

Dampnas hurle maintenant, dans une langue inconnue. Le calme ruisseau du jardin de bonnes herbes s'enfle soudain aux proportions d'une rivière ; son eau devient sombre et boueuse, les graviers se transforment en rochers. Claris et Laris n'en croient pas leurs yeux : le ruisseau inverse soudain son flot et lance ses eaux au milieu de la haute cour. Les jeunes gens s'accrochent l'un à l'autre, leurs épées, dérisoires, toujours à la main.

Les yeux flamboyant de colère, Dampnas rugit :

« Implorez ma pitié, reconnaissez votre peur.

— Jamais, hurlent-ils ensemble.

— Humiliez-vous devant moi, sinon votre mort est proche !

— Nous mourrons s'il le faut, mais sans honte ni faiblesse.

— Alors que s'accomplisse votre destin ! »

Une vague d'eau boueuse se dresse au-dessus d'eux, le sol se soulève en une ultime convulsion, ils perdent pied, l'eau pénètre dans leurs yeux, dans leur bouche, et ils sombrent dans l'inconscience.

Ils se réveillent assis bien au sec dans la cour ensoleillée. Tout est calme, l'ordre règne, le ruisseau gazouille au milieu des plantes odorantes. Nul corps géant ne gît sur le sol, nul corbeau ne croasse. Une haute silhouette noire se dresse en face d'eux : celle d'un homme âgé, dont le beau visage sévère s'éclaire d'un demi-sourire. « Admirable ! Nul chevalier jusqu'ici n'a fait preuve d'un tel courage, dit la voix profonde et bien timbrée. Je peux sans crainte vous laisser entrer en Brocéliande. Vous en êtes plus que dignes et vous saurez affronter les périls et les merveilles qu'elle cèle aux gens ordinaires. »

Claris et Laris reprennent peu à peu leur souffle. Leurs premières paroles sont pour demander comment s'est terminé le cataclysme, et combien de temps ils sont restés évanouis.

« Comme vous le voyez, leur répond Dampnas, rien ici n'a souffert, il n'a même pas soufflé une brise de printemps sur mon domaine. Vous n'avez perdu vos sens qu'une seconde à peine. Tout ce que vous avez vécu était illusion. De la première flamme de la tour jusqu'à l'ultime vague de boue, j'ai tout créé ! Susciter la tempête, changer les hommes en animaux, faire naître des géants et des fauves et m'en faire obéir, je sais le faire advenir. Mais pour vous, je n'ai créé qu'une succession d'enchantements, des semblances et des images terrifiantes. Je souhaitais obtenir la preuve de votre valeur, non pas hâter votre trépas. »

Claris et Laris hésitent entre le soulagement, la colère et la honte. Mais Dampnas les rassure. « Nul, sinon Merlin, n'aurait pu distinguer l'illusion de la réalité. Sans hésiter, vous avez surmonté les pires épreuves, et vous méritez de faire partie des compagnons de la Table ronde. »

L'enchanteur appelle ses serviteurs. On conduit les jeunes gens dans leurs appartements. Bains chauds, huiles et parfums, riches vêtements, tout leur est offert. Quand ils sont enfin prêts, ils se rendent au festin auquel Dampnas les a conviés. À leur grande joie, ils retrouvent dans la cour leurs chevaux, que des palefreniers ont ramenés de la forêt : les montures ont été étrillées, leurs sabots brillent, leurs crinières sont tressées de fil d'or, et chacune est caparaçonnée de velours rouge rubis. Deux selles de cuir de Cordoue noir, admirablement travaillées de clous d'or, complètent le harnachement.

Après trois jours de fêtes et de repos, Claris et Laris reprennent leur chemin forestier, amplement pourvu de provisions et de recommandations par leur hôte. Mais ils ne savent toujours pas s'ils sont flattés ou inquiets de tant d'intérêt de la part d'un homme aux talents si équivoques.

CG

Au château de Morgane

Après avoir repris des forces au château Périlleux, Claris et Laris chevauchent gaiement durant trois jours à travers la forêt. Le temps est clément et, sous le soleil, les vieux arbres imposants, les oiseaux de toute espèce, les cerfs et les daims leur offrent un spectacle sans cesse renouvelé.

Au soir du troisième jour, quand l'ardeur du soleil commence à faiblir, un vent très doux se lève, qui porte avec lui les sons lointains d'une harpe. Une vielle se joint à la harpe, puis des flûtes et des tambourins. À chaque pas des chevaux, le son devient plus intense. On distingue une cornemuse, des chalumeaux, un psaltérion ; puis des chansons succèdent aux airs de danse. Les jeunes gens, sous le charme, entrent dans une vaste clairière où le concert retentit comme dans la grande salle d'un château. Mais la clairière est vide, les seules trompes sont celles des clochettes bleues qui tapissent le sol. Claris et Laris restent interdits, au seuil de cet enclos merveilleux.

Ils écoutent depuis quelques instants la musique douce et vive qui les enchante, quand, en face d'eux, les buissons s'ouvrent pour laisser le passage à une jeune fille vêtue d'une robe de lin blanc. Elle est montée sur une jument isabelle, et porte en travers du dos un arc et un carquois de cuir blond. Ses cheveux dénoués flottent sur ses épaules. Elle s'avance vers eux et les salue. Elle est si belle qu'ils ne pensent même pas à s'étonner qu'elle connaisse leur nom. Ils l'admirent bouche bée, elle leur sourit ; pourquoi se poseraient-ils d'inutiles questions ?

« Seigneurs, ajoute-t-elle, votre fatigue doit être grande, voici deux nuits que vous dînez frugalement et que vous dormez à la belle étoile. Ce sont assurément les lois de l'aventure, mais ne vous plairait-il pas de goûter ce soir à l'hospitalité d'un beau logis ? »

Les jeunes gens échangent un regard réjoui et Claris, en leur nom, accepte avec un évident plaisir, de suivre leur belle inconnue là où elle voudra bien les mener.

Ils traversent une longue vallée dont ils n'avaient pas deviné l'entrée, au milieu des rochers et des buissons. À la sortie de la vallée, la musique reprend, plus forte, avec une tonalité étrange et envoûtante, presque lancinante. Un château se dresse en face d'eux. Au moment de s'engager sur le pont-levis, Laris se retourne : dans la lumière crépusculaire, il ne voit plus le chemin, pourtant large et bien empierré, par lequel ils sont arrivés. Il se penche vers Claris pour lui signaler ce prodige, mais celui-ci est tout absorbé par le spectacle des logis et des salles bâtis le long des murs d'enceinte. Plus beaux les uns que les autres, ils rivalisent de pignons ouvragés, de statues élégantes dressées aux entrées, de portes sculptées. Des bannières de soie richement brodées pendent aux balcons. Toutes les fenêtres sont ouvertes et l'on peut voir les salles illuminées de grandes bougies de cire fine avec, sur leurs murs, des tapisseries tissées de fils multicolores. La musique résonne toujours. Les deux jeunes gens en oublient qu'ils se trouvent au milieu de la forêt de Brocéliande. Aucune ville de leur connaissance, pas même le palais du roi de Gascogne, ne leur a laissé admirer tant de richesse et d'élégance.

« Est-ce là diablerie ou féerie, rêve ou réalité ? murmure Laris à l'oreille de son compagnon.

— Qu'importe, répond Claris, nous avons rêvé d'aventures, d'exploits, de merveilles, et nous voici exaucés. »

Et ils continuent à avancer par les rues vides et les maisons désertes, sous des tentures de drap d'or et d'argent, accompagnés par la musique. Leur guide s'arrête enfin devant le palais qui occupe le centre du château. Plus antique que celui des maisons, l'appareil des murs fait alterner lignes et volutes de pierres, tantôt rouges comme un sombre rubis, tantôt blanches comme l'ivoire le plus fin. La grande porte est ouverte. Plus de doute, la musique vient bien de là, accompagnée de voix féminines et de rires légers.

La jeune fille saute à bas de son cheval, Claris et Laris l'imitent, montent les marches du palais, traversent un long couloir et pénètrent dans la grande salle. Douze jeunes filles vêtues de soie claire y sont installées sur des fauteuils, de part et d'autre d'une cathèdre d'ébène incrustée d'or. Là trône une dame dont la lourde chevelure brune est tressée d'escarboucles et de perles noires. Le doux velours rouge sombre de sa robe, bordée de fourrure plus noire que mûre, chatoie doucement. À l'entrée des deux chevaliers, les jeunes filles se précipitent, retirent leurs capes, leur offrent de riches manteaux, versent sur leurs mains l'eau parfumée d'une aiguière de cristal de roche, posent sur leur chevelure un chapel de roses sauvages. Pris dans cet aimable tourbillon, ils ne remarquent pas que la dame vêtue de rouge et noir ne s'est pas mêlée aux jeunes filles. Lorsque celles-ci s'écartent enfin, Claris et

Laris font face à la maîtresse des lieux. Sous les feux de son regard noir, ils s'inclinent très bas devant elle, qui les remercie d'un lent sourire et les invite d'un geste à s'asseoir à ses côtés.

Pas un mot n'a encore été prononcé. La musique joue toujours. Des servantes entrent, chargées de lourds plateaux et les disposent sur les tables : terrines et gibiers, sauces embaumant le poivre et les épices d'un côté, fruits inconnus, coupes de cristal pleines de vins aux reflets chauds, confitures et dragées de l'autre, recouvrent peu à peu les nappes de toile d'argent.

Affamés quelques instants avant, Claris et Laris ne ressentent même pas les gémissements de leurs estomacs vides depuis le matin, tant leur surprise est grande ; et les questions se bousculent en foule dans leur tête.

Enfin leur hôtesse se lève :

« Soyez les bienvenus au palais de Morgane, annonce-t-elle. Ne saviez-vous pas que j'avais, dans cette forêt, établi un de mes refuges favoris ? Ici j'aime à m'isoler de la cour, à renoncer à l'agitation qui entoure mon cher demi-frère, le grand roi Arthur. À oublier que je suis princesse dans le monde. Dans ce palais, je me repose, j'apprends, je m'exerce à des arts secrets que le commun des hommes ne tolère pas. Je suis la course des étoiles et je prédis l'avenir, j'étudie les vertus des plantes et celles des pierres, j'en tire potions et philtres. La philosophie aussi occupe mon temps, et l'approfondissement de toute la science qu'a bien voulu me léguer mon maître Merlin, avant d'être enlevé à notre amitié par la blanche Viviane. »

Sur ces derniers mots, le sourire de la princesse se crispe quelque peu. Elle reprend :

« À cause du savoir que j'acquiers ici, à cause aussi de quelques dons qui me furent accordés à ma naissance, on me dit fée. Ce beau nom, je ne le renie pas, même si d'autres me conviennent aussi bien. Toutes ces jeunes femmes, mes élèves et mes amies, sont appelées ainsi par les gens de cette terre. C'est une habitude ici, car bien avant notre venue, on désignait Brocéliande comme la forêt des fées. Quoi de plus normal que d'en avoir fait notre séjour d'élection ? »

Les deux chevaliers la regardent, à la fois éblouis et pleins d'une indéfinissable inquiétude. Conscient de l'incongruité de leur silence, Claris répond à Morgane :

« Dame, vous nous voyez fort honorés d'un tel accueil ! Nous aurons grand plaisir à passer cette soirée et cette nuit dans votre palais. Demain nous reprendrons la route sans plus vous embarrasser de notre présence. »

Morgane le regarde avec un étrange sourire.

« Puisque vous voici venus ici de votre plein gré, vous resterez à nos côtés tous les jours de votre vie — et elle sera fort longue. Nous accomplirons tous vos désirs. Le seul que nous ne pourrons exaucer sera de vous laisser quitter cette vallée. »

Claris et Laris protestent, clament leur désir de liberté, mais Morgane est inflexible.

« Nul ne vous a forcés, vous avez suivi ma messagère en toute liberté. Maintenant vous appartenez au monde des fées. Il n'y a là nulle malhonnêteté de ma part. Vous étiez bien prévenus que Brocéliande est un monde enchanté, où les lois des hommes ne s'appliquent pas !

Demain matin, la vie vous paraîtra si aimable que vous perdrez peu à peu tout regret. Dans mon domaine, vous vivrez un éternel bonheur dans un éternel printemps, à l'abri de la douleur, de la maladie, du chagrin. La mort elle-même aura du mal à vous atteindre ici.

Maintenant, pourquoi ne pas puiser dans ces mets délicieux et boire ensemble quelques coupes de vin ? »

Claris et Laris se rendent à l'évidence, mais font malgré tout bonne figure à leur hôtesse. Il sera temps demain, pensent-ils, de chercher le moyen de s'échapper de cette prison trop douce.

Mais le lendemain et tous les jours qui suivent, si les plaisirs succèdent aux plaisirs — chasse, banquet, musique, entraînement aux armes, chevauchées —, aucune chance d'évasion ne se présente à eux. Les deux prisonniers parcourent en tous sens la vallée dont les dimensions semblent se modifier chaque fois qu'ils l'explorent, mais n'entrevoient aucune issue.

Au bout de quelques semaines, le regret de leur vie antérieure devient moins lancinant, l'oubli commence à faire son œuvre.

Une nuit Claris se réveille en sursaut. Il vient de rêver de sa bien-aimée reine Lidaine : tout en pleurs, elle lui reprochait de l'abandonner. Il réveille Laris, et tous deux conviennent qu'ils sont en grand danger de ne jamais revoir leur pays ni ceux qu'ils aiment. Au matin, Laris descend le premier dans le jardin où chante une fontaine. Appuyée à un pommier en fleur, Madoine la fée est en train de mêler à ses cheveux les délicates corolles roses et blanches. Laris a depuis longtemps remarqué la longue jeune fille à la chevelure rousse. Il a vu bien souvent ses yeux verts se poser sur lui, et de quels sourires elle le gratifiait. Il se rappelle qu'il s'est maintes fois trouvé assis aux côtés de Madoine, chevauchant de concert avec elle, chantant des ballades qu'elle accompagnait sur sa petite harpe. En lui-même, il reconnaît que, s'il était libre, il lui aurait demandé d'être sa dame. Mais pour l'heure, il n'a qu'un seul but, sortir d'ici.

Il s'avance vers Madoine, lui prend la main, et l'entraîne au bord de la fontaine, sous un grand saule dont les branches forment autour d'eux une chambre verte qui les isole des regards. Ils se murmurent des mots très doux, le premier baiser ne tarde pas, suivi d'autres gestes tendres et hardis.

« Laris, lui murmure-t-elle, je n'ai aimé personne avant vous. Serez-vous pour toujours mon ami ? Ne gardez-vous pas au fond de votre cœur l'image d'une belle dame de votre monde ? »

Laris jure, de toute bonne foi, qu'il n'a en son âme nul souvenir qui l'empêche d'aimer Madoine. Il lui avoue l'attirance qu'il éprouve pour elle. Mais, ajoute-t-il, il ne pourra l'aimer que si elle accepte de faire en toute chose ce qu'il lui commandera. Toute à sa passion et croyant à quelque jeu amoureux, Madoine accepte sans hésiter.

« Alors, montrez-moi le chemin qui conduit hors de cette vallée, lui ordonne-t-il.

— Je n'en ai pas le droit, et il m'en coûterait la vie si vous veniez à vous échapper : les fées mes amies se transformeraient en furies vengeresses. »

Laris lui répond tristement qu'il ne pourra jamais aimer son geôlier. Il attend seulement de Madoine une preuve d'amour. Il ne cherche pas à s'enfuir, ajoute-t-il, car il a pris goût à cette vie et il ne désire plus revenir chez les humains, connaître les rigueurs des hivers, les dangers de la guerre, la douleur, la maladie, le chagrin. Il veut seulement savoir qu'il est libre, et user de sa liberté sans en abuser.

Madoine boit ses paroles.

« Si je te montre le chemin, seras-tu tout à moi, lui demande-t-elle ?

— Dès cette nuit, si tu le désires. »

Laris prend bien soin de partir toute la journée à la chasse avec Claris, et il prétexte une chute de cheval pour ne pas paraître au souper. Mais la nuit venue, avec une infinie prudence, soucieux de n'être vu de personne, il rejoint la chambre d'or de la belle Madoine. Il prend la jeune fille dans ses bras et, jusqu'à l'aube, ne lui refuse rien.

À la première lueur du jour, Madoine et Laris se glissent hors du château. Pieds nus dans la rosée, ils s'enfoncent dans la forêt. Ils traversent la vallée à la hâte et parviennent devant une borne en granit, une de ces très anciennes pierres levées qui parsèment la forêt. Laris l'a vue maintes fois, lors de ses chevauchées.

« Voici la clé de l'enchantement, chuchote Madoine. Cette pierre, mes sœurs et moi l'avons créée par magie.

— Vous l'avez créée, s'étonne Laris. Mais vous êtes si jeunes et elle paraît si vieille ?

— Crois-tu que nous soyons arrivées hier dans cette forêt », rétorque calmement la jeune femme ?

Puis elle se penche vers la borne, la prend fermement à deux mains, et la fait tourner vers la gauche, apparemment sans effort. Et sous les yeux de Laris le paysage se trouble et change. Là où il voyait une muraille rocheuse infranchissable et d'épais ronciers, il reconnaît le large chemin empierré qu'il a parcouru aux côtés de Claris et de la messagère de Morgane. Le feuillage a jauni, les fleurs se sont fanées, mais il n'y a pas à s'y tromper. Toujours inquiète, Madoine noue ses doigts autour de la pierre, la fait tourner vers la droite. Le chemin disparaît, la vallée est à nouveau close.

Pendant plusieurs jours, Claris et Laris continuent à prendre part à la vie enchantée du domaine de Morgane. Chaque soir la fée les convie à sa table, leur conte les mille trésors de son savoir. Chaque matin, ils trouvent quelque cadeau qu'elle leur a fait tenir, une épée richement damasquinée, un baudrier de cuir de Cordoue constellé de pierres fines, des éperons d'or, un cheval fougueux. Chaque jour, ils partent à cheval, chassent ou découvrent les mille paysages de cette vallée toujours changeante. Et la nuit Laris rejoint en grand secret sa douce amie qu'il ne quitte que bien après la minuit, lorsqu'il la voit profondément endormie.

Une nuit enfin, alors que le château dort, ils se glissent vers les écuries. Ils ont laissé derrière eux leurs bagages. Une tenue légère, une dague, une épée, une cape chaude et sombre : si l'on entre trop tôt dans leurs chambres, leurs vêtements de cérémonie, leurs armures abandonnés là laisseront croire qu'ils ne sont pas loin.

Ils entourent les sabots de leurs chevaux de pièces de tissu, et prennent bien soin de ne pas les revêtir de leurs riches harnais pour éviter tout bruit. Ils se faufilent dans la cour, franchissent le pont, jettent un dernier regard aux belles tours de sang et d'ivoire, aux jardins fleuris, et s'enfoncent dans la vallée.

Avec soulagement, Laris retrouve la borne, et répète avec assurance le geste qu'il a vu faire à Madoine. Pendant un instant qui lui semble interminable, rien ne bouge. Puis la pierre tourne, le paysage se brouille, les deux jeunes gens lancent leurs chevaux au galop sur le chemin de pierre, dans la nuit glacée de l'hiver.

CG

Les tournois du chevalier Ponthus

Il était une fois, en Galice, un roi nommé Thibault, que ses sujets aimaient et respectaient car il était juste autant que bon. De son union avec la princesse d'Aragon naquit un fils qu'ils appelèrent Ponthus. Il reçut la meilleure éducation que puisse désirer un jeune homme qui doit hériter d'un grand royaume. À l'âge de sept ans, il fut envoyé comme page chez son oncle de Saragosse, puis initié à l'art de la chevalerie à quatorze ans. Ponthus se lia d'amitié avec douze barons, tous de vaillants écuyers, destinés à devenir de grands chevaliers.

Or, il advint que Broadas, sultan de Babylone, débarqua en Ibérie accompagné d'une puissante flotte et de trente mille hommes de pied. La ville fut prise d'assaut et saccagée. Le père de Ponthus périt dans la bataille et Broadas monta sur le trône pour se faire proclamer roi. Cruel, ne songeant qu'à la guerre, Broadas n'avait rien de commun avec Thibault. Le lendemain de sa victoire il s'installa dans le château de l'ancien roi et dès ce jour tout changea dans le pays. Les fêtes furent interdites. Les paysans, obligés de céder à Broadas la totalité de leurs récoltes pour nourrir ses nombreux soldats, mouraient de faim. Le roi n'avait que la guerre en tête et il entraînait son armée chaque jour pour agrandir encore et toujours ses terres. Il avait même forcé le peuple à embrasser sa propre religion, sous peine de mort.

Ponthus, encore adolescent, réussit à s'enfuir avec ses douze compagnons à bord d'une frêle embarcation. De tempêtes en naufrages, de naufrages en tempêtes, ils s'échouèrent en Petite Bretagne. Le sénéchal du roi de Bretagne les accueillit généreusement. Charmé par la courtoisie et la belle allure des treize damoiseaux, il les conduisit à Vannes, où le roi tenait cour plénière. Tous les grands seigneurs du pays étaient présents et chacun décida de prendre un des adolescents sous sa protection.

La fille du roi de Bretagne, Sidoine, était d'une rare beauté, célébrée par les troubadours dans les cours du Sud comme dans celles du Nord. Lorsqu'elle croisa le regard de Ponthus, elle ne put s'empêcher d'être émue, aussi émue que Ponthus fut troublé. Loin de la fête et du bruit, ils se déclarèrent leur amour. La princesse lui offrit une des manches de sa robe afin qu'il portât ses couleurs lors des tournois. Elle lui donna aussi un anneau d'or pour sceller leur promesse d'amour éternel.

À peine sorti de l'adolescence, Ponthus s'illustra très vite par ses exploits guerriers ; pour son premier combat, il affronta et vainquit un terrible géant. Tandis que la force du jeune homme grandissait et s'affirmait, le roi de Bretagne sentait la sienne décliner. Il invita les seigneurs de son royaume à élire un connétable. Tous désignèrent le vaillant Ponthus.

Sa position privilégiée et l'amour de la belle Sidoine éveillèrent la jalousie d'un de ses compagnons, Guennelet, qui s'en alla tenir à Sidoine des propos mensongers. Il calomnia misérablement son frère d'armes, lui inventa une nouvelle dame, un autre amour. Le cœur brisé, mais pleine de fierté, Sidoine décida de rien laisser paraître de son chagrin. Elle refusa de rencontrer Ponthus en privé, et lui refusa même l'audience qu'il sollicitait officiellement. Le jeune chevalier qui ne comprenait pas les raisons de sa soudaine disgrâce choisit de s'exiler.

Ponthus, suivi de ses gens, partit à la nuit, et chevaucha bien des lieues avant d'arriver en Brocéliande. Il s'arrêta dans une clairière proche d'un petit moutier, où il resta sept jours, écoutant l'office du matin et faisant grande pénitence.

En paix avec lui-même, Ponthus vit combien son refuge forestier était enchanteur, et songea que l'endroit était idéal pour donner une joute d'armes. Il fit dresser ses tentes et ses pavillons ; les bannières brodées battaient au vent.

Ceci fait, il manda un messager pour crier sur la place de toutes les seigneuries de Bretagne que le Chevalier Noir aux blanches armes s'était établi en forêt de Brocéliande, à la fontaine des Merveilles et que dès Pentecôte, il se tiendrait prêt à affronter, les plus vaillants chevaliers en combat singulier chaque mardi durant toute l'année. Dans la clairière, à l'heure de prime, annonçait le hérault, les combattants trouveront un écu à ses armoiries pendu à un arbre, signifiant que le combat peut être engagé. Un nain se tiendra près de l'arbre pour sonner du cor. Aussitôt après, une dame coiffée d'un tressoir d'or les mènera à leur opposant. À l'issue du tournoi, le chevalier vaincu devra se livrer à la fille du roi de Bretagne, la belle Sidoine. Telle était la proclamation.

La nouvelle fut reçue avec joie par de nombreux chevaliers qui s'équipèrent aussitôt et se mirent en chemin vers la fontaine des Merveilles.

Un mardi matin, peu après la Pentecôte, les premiers jouteurs arrivèrent à la clairière, devant une grande tente flanquée d'une plus petite, un pavillon. Un nain affreux sortit du pavillon. Il se dirigea vers l'unique arbre de la clairière, un grand chêne où, à côté de l'écu du Chevalier Noir aux blanches armes, pendait un cor. Le nain se saisit du cor et souffla. Un son d'une extraordinaire puissance retentit jusqu'aux confins de la forêt, d'un hallier à l'autre. Puis une damoiselle sortit du pavillon pour annoncer que les chevaliers qui désiraient combattre contre son seigneur devaient suspendre leurs écus à la branche de l'arbre. Elle rentra dans la tente et, un à un, les chevaliers accrochèrent leur bouclier. C'était merveille de voir l'arbre paré à foison de toutes ces grandes feuilles aux couleurs chatoyantes.

La damoiselle réapparut portant sur l'épaule un carquois. « Mon seigneur choisit aujourd'hui les quatre adversaires qu'il affrontera en combat singulier ce mois de Pentecôte. » Elle sortit de l'étui quatre fines flèches empennées d'or, banda l'arc et tira prestement. Parmi les écus de grands seigneurs, quatre furent touchés. Les flèches avaient désigné le meilleur chevalier de Bretagne, les comtes et duc du Poitou, de Normandie et d'Anjou.

Le Chevalier Noir aux blanches armes sortit de la tente et prit sa monture, un beau palefroi tout caparaçonné de noir. Sous son heaume, personne n'aurait pu deviner qu'il s'agissait de Ponthus. Il se saisit de sa lance, la pointa en avant, s'approcha du seigneur du Maine, le meilleur chevalier de Bretagne et s'inclina. Il venait, par ce geste, de choisir son premier adversaire.

Le nain s'avança à nouveau vers l'arbre et attrapa le cor. Il souffla une seconde fois. À ce moment-là, la damoiselle parut : sur un coussin de brocart, elle portait une coupe d'or incrustée de pierreries qui faisaient resplendir la clairière d'une lumière irréelle. Le Chevalier Noir aux blanches armes se saisit de la coupe et puisa de l'eau dans la fontaine, pour en arroser la grosse pierre qui se trouvait entre l'arbre et la fontaine. Le tonnerre commença à gronder, le ciel s'obscurcit, la pluie se mit à tomber doucement, puis de plus en plus fort, se transformant enfin en grêle. La tempête ne dura guère. Les cieux se dégagèrent, trois oiseaux au plumage fauve vinrent se poser à la cime de l'arbre et entonnèrent un chant mélodieux. Trois autours apparurent alors dans le ciel, piquant droit vers le chêne. Les geais s'envolèrent au moment où le Chevalier Noir aux blanches armes frappa de sa lance l'écu de son adversaire : le combat pouvait commencer. Les deux adversaires s'éloignèrent l'un de l'autre afin de prendre un peu de distance. Le nain souffla pour la troisième fois dans le cor, des buccines et des trompettes semblèrent faire écho au loin.

Éperonnant leur monture, les chevaliers se lancèrent l'un vers l'autre de toute la vitesse de leurs chevaux. Dans leur course, les sabots arrachaient de grosses mottes de terre. La lance du chevalier traversa l'écu du seigneur du Maine, toucha son heaume et le blessa au visage. Sous la violence du coup, le seigneur du Maine chut sur le sol. Le Chevalier Noir sauta prestement à bas de sa monture, tira son épée du baudrier et vint la pointer entre le gorgerin et le plastron de l'autre jouteur.

« Seigneur du Maine, lui dit-il, il est temps pour vous de vous soumettre à la plus belle dame de Bretagne. Allez à la cour du roi trouver la douce Sidoine et saluez-la de la part du Chevalier Noir aux blanches armes. »

Puis Ponthus s'inclina. Dans le bleu sombre de la nuit, un oiseau apparut, et d'un vol lent et sinueux vint se poser sur une des branches du chêne. Il agita sa grosse tête et poussa un cri plaintif. Le seigneur du Maine croisa deux grands yeux jaunes sous des paupières plumeuses et tout sembla s'évanouir autour de la fontaine des Merveilles.

Le second mardi, le seigneur du Poitou arriva tout armé à la fontaine.

Un nain affreux sortit du pavillon. Il se dirigea vers l'unique arbre de la clairière, un grand chêne où, à côté de l'écu du Chevalier Noir aux blanches armes, pendait un cor. Le nain se saisit du cor et souffla. Un son d'une extraordinaire puissance retentit jusqu'aux confins de la forêt, d'un hallier à l'autre. Aussitôt le Chevalier Noir aux blanches armes sortit du pavillon la lance au poing et l'écu au col. Il s'avança vers le seigneur du Poitou et s'inclina. Sous son heaume, personne n'aurait pu deviner qu'il s'agissait de Ponthus.

Le nain s'avança à nouveau vers l'arbre, attrapa le cor, et souffla une seconde fois. À ce moment-là, la damoiselle parut : sur un coussin de brocart, elle portait une coupe d'or incrustée de pierreries qui faisaient resplendir la clairière d'une lumière irréelle. Le Chevalier Noir aux blanches armes se saisit de la coupe et puisa de l'eau dans la fontaine, pour en arroser la grosse pierre qui se trouvait entre l'arbre et la fontaine. Le tonnerre commença à gronder, le ciel s'obscurcit, la pluie se mit à tomber doucement, puis de plus en plus fort, se transformant enfin en grêle. La tempête ne dura guère. Les cieux se dégagèrent et trois oiseaux au plumage fauve vinrent se poser à la cime de l'arbre et entonnèrent un chant mélodieux. Trois autours apparurent alors dans le ciel, piquant droit vers le chêne. Les geais s'envolèrent au moment où le Chevalier Noir aux blanches armes frappa de sa lance l'écu de son adversaire : le combat pouvait commencer.

Les chevaliers s'éloignèrent et tinrent leurs montures prêtes pour la première rencontre. Le nain souffla pour la troisième fois dans le cor, des chalémies et des trompettes semblèrent faire écho au loin.

Au premier choc, les chevaux s'abattirent au sol. Dans sa chute, le seigneur du Poitou se trouva la jambe prise sous le poids de son cheval. La grève de son armure lui avait entaillé profondément la chair. Ni l'homme ni la monture ne pouvaient plus se mouvoir. Le seigneur du Poitou hurlait de douleur tandis que la bête hennissait en essayant tant bien que mal de se remettre sur pied. Ponthus sauta à terre très rapidement. Il se hâta de saisir la bride de la monture de son adversaire pour l'aider à se redresser, et à dégager ainsi le malheureux. On fit apporter une civière. Ponthus souleva le heaume du seigneur et s'adressa doucement à lui :

« Seigneur du Poitou, il est temps pour vous de vous soumettre à la plus belle dame de Bretagne. Allez à la cour du roi trouver la douce Sidoine et saluez-la de la part du Chevalier Noir aux blanches armes. »

Puis Ponthus s'inclina. Dans le bleu sombre de la nuit, un oiseau apparut et, d'un vol lent et sinueux, vint se poser sur une des branches du chêne. Il agita sa grosse tête et poussa un cri plaintif. Le seigneur du Poitou croisa deux grands yeux jaunes sous des paupières plumeuses et tout sembla s'évanouir autour de la fontaine des Merveilles.

Le troisième mardi, le seigneur de Normandie vint se mesurer au Chevalier Noir aux blanches armes.

Un nain affreux sortit du pavillon. Il se dirigea vers l'unique arbre de la clairière, un grand chêne où, à côté de l'écu du Chevalier Noir aux blanches armes, pendait un cor. Le nain se saisit du cor et souffla. Un son d'une extraordinaire puissance retentit jusqu'aux confins de la forêt, d'un hallier à l'autre. Aussitôt le Chevalier Noir aux blanches armes parut et salua courtoisement le seigneur de Normandie.

Sous son heaume personne pouvait devinait qu'il s'agissait de Ponthus.

Le nain s'avança à nouveau vers l'arbre, attrapa le cor, et souffla une seconde fois. À ce moment-là, la damoiselle parut : sur un coussin de brocart, elle portait une coupe d'or incrustée de pierreries qui faisaient resplendir la clairière d'une lumière irréelle. Le Chevalier Noir aux blanches armes se saisit de la coupe et puisa de l'eau dans la fontaine, pour en arroser la grosse pierre qui se trouvait entre l'arbre et la fontaine. Le tonnerre commença à gronder, le ciel s'obscurcit, la pluie se mit à tomber doucement, puis de plus en plus fort, se transformant enfin en grêle. La tempête ne dura guère. Les cieux se dégagèrent et trois oiseaux au plumage fauve vinrent se poser à la cime de l'arbre et entonnèrent un chant mélodieux. Trois autours apparurent alors dans le ciel, piquant droit vers le chêne. Les geais s'envolèrent au moment où le Chevalier Noir aux blanches armes frappa de sa lance l'écu de son adversaire : le combat pouvait commencer.

Chacun des deux combattants prit de la distance, puis, piquant des deux, ils s'élancèrent l'un contre l'autre. À la première rencontre, les deux chevaliers furent désarçonnés. Laissant de côté leurs chevaux, ils s'emparèrent de leurs épées. Ils combattirent tout le jour et, lorsque le soleil commença à décliner, leurs corps étaient tout endoloris et leurs armures défoncées. Enfin Ponthus asséna au seigneur de Normandie un terrible coup à la tête, entre le timbre et la jugulaire de son casque. Le fier seigneur sentit ses forces le quitter ; tout étourdi, il alla s'asseoir sur la dalle de pierre. Il était près de choir dans l'eau de la fontaine.

Ponthus vint auprès du chevalier, il mit un genou à terre et lui déclara doucement :

« Seigneur de Normandie, il est temps pour vous de vous soumettre à la plus belle dame de Bretagne. Allez à la cour du roi trouver la douce Sidoine et saluez-la de la part du Chevalier Noir aux blanches armes. »

Puis Ponthus s'inclina. Dans le bleu sombre de la nuit, un oiseau apparut et, d'un vol lent et sinueux, vint se poser sur une des branches du chêne. Il agita sa grosse tête et poussa un cri plaintif. Le seigneur de Normandie croisa deux grands yeux jaunes sous des paupières plumeuses et tout sembla s'évanouir autour de la fontaine des Merveilles.

Le mardi suivant, Ponthus vainquit le seigneur d'Anjou puis d'autres chevaliers tout aussi émérites. Il en venait de toutes les cours d'Europe pour se mesurer au Chevalier Noir aux blanches armes. Tour à tour, cinquante-deux chevaliers furent vaincus et envoyés se soumettre à la belle Sidoine.

Pour la Pentecôte suivante, Ponthus manda un messager au roi de Bretagne le conviant, lui et sa mesnie, au banquet de la fontaine des Merveilles, en forêt de Brocéliande. À cette occasion, une joute serait organisée en l'honneur des dames du royaume, à laquelle étaient attendus tous les chevaliers qui le souhaitaient.

Le roi et sa cour se réjouirent de l'invitation et se rendirent en grande hâte à la Fontaine. Ponthus fit préparer un grand festin dans la clairière, ses serviteurs dressèrent de longues tables recouvertes de fines nappes blanches. Une magnifique jonchée fut jetée sur le sol, et les parfums d'iris se mêlèrent à ceux des roses. Les viandes furent accommodées de mille manières tandis que, dans des vases de cristal, attendaient clairet, tokay et malvoisie.

Chalémies et buccines sonnèrent à nouveau, et les chevaliers se préparèrent pour le tournoi. Le Chevalier Noir aux blanches armes s'avança le premier vers la fille du roi. Il s'agenouilla et la pria de porter ses couleurs. Sidoine accepta toute troublée par le son de cette voix. Ponthus ôta son gantelet pour saisir la fine étoffe de la princesse : à son doigt elle vit briller l'anneau de leur serment. Sidoine sentit son cœur bondir de joie dans sa poitrine, mais s'efforça de n'en rien laisser paraître. Elle croisa le regard brillant de Ponthus sous l'oculaire de son heaume.

En ce jour de Pentecôte, le Chevalier Noir aux blanches armes fit, par ses nobles prouesses, l'admiration de tous. Après bien des affrontements courtois, il alla au-devant du roi, et lorsqu'il ôta son heaume le roi reconnut enfin Ponthus. Il en eut grande joie, l'embrassa et le baisa et l'accola de nombreuses fois.

« On vous disait exilé, parti en guerre pour un autre souverain, on vous a même gravement calomnié, alors que vous accomplissiez tant d'exploits sur nos terres, en forêt de Brocéliande pour l'amour de ma chère fille. »

Ponthus s'empourpra ; son trouble était évident et il baissa la tête, confus. Le roi alla chercher sa fille. Il lui prit la main, la joignit à celle du preux chevalier, prenant la cour à témoin de son acquiescement à leur union.

Quand, après bien d'autres aventures, leurs épousailles furent célébrées, Ponthus et Sidoine se firent construire un grand et fort château, non loin de la fontaine des Merveilles. On raconte que Ponthus reprit ensuite le chemin de la terre paternelle afin de la reconquérir de droit sur le mauvais sultan Broadas.

MT

ENTRE HISTOIRE ET CHRONIQUE LOCALE

Cérémonies à Barenton

À Brocéliande, on raconte qu'autrefois se tenait au centre de la forêt un arbre prodigieux, un hêtre recouvert d'une toison de mousse. Il lançait ses grandes branches vers le ciel et il semblait acclamer la création. Les humains venaient souvent le voir. Il avait un nom qu'aujourd'hui on ne connaît plus. On l'appelle simplement le Vieux des ans, car de mémoire d'homme il a toujours été là, haut, droit et fier. Les femmes avaient l'habitude de se confier à lui car il écoutait les peines de cœur et supportait la douleur des enfantements. Il accueillait dans ses bras les cœurs blessés et les âmes décousues. Il recevait aussi parfois le doute et la colère des hommes.

À quelque distance de l'arbre, en contrebas, se tenait dans une clairière une fontaine extraordinaire. Elle disait l'avenir, faisait venir l'orage et promettait des fiancés aux jeunes filles. Elle redonnait la vue à ceux qui l'avaient perdue et comblait les pauvres gens de bien d'autres grâces. Elle était réputée dans tous les villages de la forêt comme la Pourvoyeuse de vie, car jamais, même au plus chaud de l'été, on n'avait vu son eau se tarir.

Or il arriva que la forêt soit donnée à un nouveau seigneur. Arrogant, avide, Guy XIV de Laval, puisque tel était son nom, voulut réglementer l'accès à la forêt, et tous les usages du lieu. Le comte de Laval se déclarait l'unique maître du lieu. Le passage qui menait à la clairière fut interdit. Et le breil de Barenton fut déserté de toute présence humaine. Pour le Vieux des ans et la Pourvoyeuse de vie commença la solitude, qui ne fut peut-être qu'une longue attente.

Des décennies passèrent, le lignage des seigneurs de Laval, maîtres de Barenton, s'éteignit. L'interdiction était tombée dans l'oubli, le chemin de la fontaine aussi. Ronces et broussailles avaient envahi le paysage. On ne savait plus comment retrouver le cœur de Brocéliande.

La quatrième année du règne de Louis-Philippe Ier, l'été dessécha les champs et les prés et après lui l'automne brûla les rares récoltes. L'hiver fut accompagné de pluies torrentielles. L'eau du ciel avait fait grossir les étangs. Des digues cédèrent, emportant des fermes et maisons dans des coulées de boue rougeâtre. La terre fut ainsi lessivée de tout ce qu'elle aurait pu fournir. Des hameaux disparurent de la carte de la forêt. Le printemps fut glacial. Quand la constellation du Lion monta à nouveau dans le ciel, la terre n'était plus que désolation. La canicule acheva son œuvre en envoyant son haleine de feu sur les halliers. Brocéliande desséchée brûlait comme de l'étoupe. La forêt ombreuse, fraîche et giboyeuse, offrait maintenant le visage craquelé des terres stériles.

Mais quelque part, au cœur de Brocéliande, le Vieux des ans, intact, tendait ses branches vers le ciel dans une perpétuelle supplication. En contrebas, la fontaine dormait paisiblement.

Une année s'écoula encore. Les gens se disaient : « Voilà trois ans que nous sommes plongés dans le malheur. Notre terre a été mise à feu et à sang. Dieu reste sourd à nos prières et nos saints ne sont plus bons à rien. Il faudrait retrouver le chemin du Vieux des ans et de la Pourvoyeuse de vie. Eux sauront nous sauver. Nous avons eu trop longtemps honte de nos anciennes croyances, nous les avons appelées superstitions ; il est temps de retourner à elles, d'en appeler une fois encore aux rituels de nos pères. »

Quarante jours après Pâques, à trois jours de l'Ascension, tous les paysans se rassemblèrent sur le parvis de l'église de Concoret. Ils étaient venus là pour convaincre le recteur de se rendre en procession jusqu'à la fontaine de Barenton. Ils souhaitaient accomplir à nouveau l'antique geste du seigneur de la forêt, braver la tempête et le courroux du gardien de la fontaine s'il le fallait. Ils voulaient prendre l'eau de Barenton et la répandre sur la dalle de pierre pour que le ciel féconde de nouveau la terre. Une foule de paroissiens se pressaient autour du recteur, même les châtelains du Rox étaient présents. Enfin, tout le monde se disciplina en un long cortège qui sortit du bourg avec en tête le recteur portant bien haut la bannière de saint Laurent. Le vent sec et brûlant s'engouffrait dans son aube blanche. La poussière de Brocéliande constellait de rouge le tissu immaculé. Un enfant de chœur agitait l'encensoir. L'odeur de la myrrhe se mêlait au parfum des ajoncs en fleurs. Le long cortège se dirigea vers Crozon. Il emprunta les rues Eon et s'engagea dans le Val aux Fées. Au loin, la cloche du bourg sonnait à toute volée. La procession cheminait maintenant à travers la lande. Quelques paysans avaient pris la tête du convoi. Munis de serpes, ils ouvraient un passage à la foule. Nul ne connaissait le chemin, pourtant dans leurs cœurs ils voyaient la clairière de Barenton. Petits et grands entonnaient des hymnes et des cantiques. Les arbres semblaient faire écho aux chants religieux.

« Des hauteurs d'Héléan, des vallons de Gaël
Voyez-vous Barenton, à travers les bruyères ? »

La procession avait accompli un long parcours lorsque trois heures sonnèrent au village. Au sommet d'un sentier, se détachaient deux blocs de pierre. Restes d'un menhir fendu par la foudre ? Le recteur s'arrêta. Il leva la main droite et la procession s'immobilisa. Il savait qu'il était aux portes de Barenton. Dans une prière solennelle, il demanda de pénétrer dans la clairière sacrée. Le ciel tonna. Les pierres semblèrent s'écarter un peu pour laisser place à la foule. La fontaine était là. Dans le plus grand silence, hommes et femmes se rassemblèrent autour d'elle. Le recteur avait pris place auprès du perron ; il fit un signe de croix pour bénir le lieu et attirer sur lui-même et ses paroissiens les bienfaits de l'eau de Barenton. Il tourna trois fois autour de la clairière. Il remonta les larges manches de son aube, s'empara de son bâton de pasteur, le trempa dans l'eau froide, le sortit de l'eau et en aspergea la grosse pierre. Aussitôt les cieux se couvrirent, les nuages s'amoncelèrent dans le ciel et la voûte céleste creva, livrant passage à une pluie drue et fraîche. La Pourvoyeuse de vie sortait d'un long sommeil. Les pèlerins laissèrent éclater leur joie. Ils savaient que le temps des calamités s'achevait. Ils redescendirent vers le village en chantant de nouveaux cantiques. À l'arrivée à Concoret, les chants changèrent de nature et de rythme, et l'on confia au vin le soin de fêter le retour de l'eau. Certains villageois rentrèrent plus tard que les autres, après avoir fait un détour dans la forêt ; ce jour-là, le Vieux des ans reçut de nouvelles confidences, entendit bien des promesses, et assista même à des étreintes qu'heureusement il ne put raconter à personne.

MT

Le Breil du seigneur

Au XVe siècle, Guy, quatorzième comte de Laval, possédait l'ensemble de la forêt de Brocéliande, bois, landes et étangs, châteaux et villages aussi. Puissant seigneur, il voulait encore accroître son pouvoir, et pour cela beaucoup d'argent lui était nécessaire. Conscient des ressources de sa forêt, il décida d'en tirer toute la richesse possible. Il fallait désormais contrôler toutes les activités qui se déroulaient sur son domaine et en tirer profit.

Il fit d'abord dresser une carte de la forêt, puis il divisa son domaine en différents breils, parcelles régulières artificiellement tracées. Il demanda ensuite à son chapelain d'établir un document juridique aussi complet que possible, passant en revue tous les devoirs et toutes les charges des habitants de la forêt. Il fallait savoir qui venait faire paître des troupeaux sous le couvert du bois, qui emmenait ses cochons pour la glandée, qui coupait du bois vif ou avait usage du bois mort, quelles périodes étaient propices à la chasse. Car tout cela, bien entendu, était destiné à devenir une source de revenus : taxes, charges, impôts, droits divers. C'est ainsi qu'en 1467, au château de Comper, fut rédigée la *Charte des Usements et Coustumes de la forêt de*

Brécilien. Dans le cours de ce document historique qui se tient bien à l'écart des légendes et superstitions locales, le chapelain signale cependant l'existence d'un endroit merveilleux, situé comme un sanctuaire au cœur de Brocéliande, lieu qu'il nomme le Breil du seigneur. Il le décrit comme un reflet du jardin de l'Eden ou du Tir na nOg des Celtes, lieu vierge de tout mal, où les animaux « vénéneux » ne peuvent survivre. Le chapelain seigneur de Laval reconnaît que, s'il est sûr de l'existence du breil, il ne sait pas exactement où il se trouve. Sauf qu'il est proche de Barenton. Et il décrit à la suite, et tout aussi sérieusement, les prodiges de la fontaine. Il ajoute enfin qu'au seul seigneur de Laval revient le droit d'accomplir l'ancestrale coutume de Barenton : prendre l'eau de la fontaine et de la verser sur le perron de pierre. Lorsqu'il a accompli le geste traditionnel, le seigneur de Laval a juste le temps d'enfourcher sa monture, de piquer des deux et de lancer son destrier au grand galop. À peine a-t-il rejoint son château de Comper qu'un terrible orage éclate. Même à travers les écrits les plus techniques et les motivations les moins féeriques, la fameuse fontaine d'orage décrite dans les romans du Moyen Âge, « celle qui bout et qui a pourtant l'eau froide comme du marbre », réussit à garder son mystère.

MT

Paol de Barenton

Guy de Laval était marié à une noble jeune femme qu'il aimait mais, trop occupé à assurer le bon fonctionnement de ses vastes domaines, il ne lui accordait que peu de temps. Au plus fort de l'hiver, son épouse mit au monde deux fils jumeaux. Paradoxe de l'existence, hélas courant en ces temps, elle décéda en donnant la vie. Les nouveau-nés, immédiatement baptisés, reçurent les prénoms de Paol et de Jacques. Pris de remords et de chagrin, le comte de Laval décida d'ériger un oratoire à la mémoire de son épouse, non loin de la fontaine de Barenton, en plein cœur de la forêt de Brocéliande. Chaque hiver, au moment de la nuit la plus longue de l'année, il accomplissait là un pèlerinage, et y déposait une chandelle en mémoire de sa femme. Avant de décéder à son tour, il fit jurer à ses deux fils de perpétuer ce pèlerinage pour le repos de son âme et de celle de leur mère. Les deux jeunes gens prêtèrent serment.

Le temps passa. Les deux garçons avaient grandi, mais bien que jumeaux, tout les séparait. Paol était devenu un jeune homme malingre, chétif, mais son regard brillait d'intelligence, et ses paroles étaient pleines de bonté. Jacques affichait un physique avantageux : beau garçon de haute taille, il faisait preuve d'un caractère redoutable, violent aussi bien avec ses gens qu'avec les animaux. Un hiver, Paol rappela à son frère la promesse faite à leur père de se rendre chaque année à l'oratoire. « À toi de t'y rendre cette année, ajouta-t-il. Voici plusieurs années que je fais seul le pèlerinage. » Jacques refusa brutalement : « Je n'ai que faire de ces stupides pratiques, je ne me risquerai pas la nuit dans la forêt.

— Mais le serein a soufflé depuis plusieurs nuits, quelques ardoises se sont peut-être détachées du toit du petit oratoire, nous devons nous y rendre pour réparer les dommages. Et nous devons faire brûler une bougie à la mémoire de notre mère.

— Je ne veux pas monter à Barenton. Le chemin est tortueux, long et pénible. Personne n'est jamais sûr d'y arriver. L'année dernière tu as erré pendant trois jours et trois nuits, entendant hurler les loups, avant que la forêt ne daigne t'accorder le passage. D'ailleurs les morts n'ont pas besoin de chandelle. »

Paol se mit tout seul en route. Il s'en partit, recroquevillé dans le vent glacial. Le vent avait dépouillé les branches de leurs feuilles. Le chemin s'offrait à lui comme un long tapis mordoré. Malgré le froid mordant, Paol, saisi par la beauté du paysage, prit le temps de rendre hommage à la forêt. Ici, il caressa une souche moussue, là il effleura la peau d'un hêtre. Il imaginait dans un terrier de lapin la demeure d'étranges habitants. Il salua l'agilité d'un écureuil affairé à ses dernières provisions, et la petite bête au poil roux sembla lui faire un signe en retour.

Plus loin, il trouva une mésange prise dans des buissons épineux. Il écarta patiemment les branches une à une en rassurant l'oiseau craintif. « Là, patience, encore quelques instants et tu seras délivrée, prête à t'envoler. »

Ensuite le passage monta tout droit, les arbres se dressaient de part et d'autre du chemin creux. Leurs branches, en se rejoignant formaient une seconde voûte sous celle du ciel. Paol eut l'impression que les arbres se plaignaient, mais ce n'était que le vent faisant gémir le bois.

Il arriva à la nuit tombée, harassé, transi de froid. De loin, il vit le halo bleuté qui signalait la présence de l'onde magique. Barenton était là, à quelques pas. Il décida d'allumer un feu, rassembla quelques brindilles, un peu de bois sec, et craqua une allumette. Une flammèche s'étira paresseusement, puis de grandes flammes se bousculèrent. Paol tendit les mains vers la chaleur. Le feu jaune et or semblait entamer une joyeuse sarabande et le garçon se laissa aller contre un vieux chêne immense et fort, l'unique arbre de la clairière. La tête appuyée au tronc de l'arbre, il pensa que jamais il ne s'était senti aussi bien qu'en cet instant.

Le silence s'était installé dans la forêt et l'obscurité avait envahi la clairière. Paol ne voyait plus rien, mais son ouïe restait à l'affût. La forêt bruissait, craquait, résonnait de mille bruits. La paix a volé en éclats : quels sont ces bruits, est-il encerclé par un ennemi invisible ? S'agirait-il simplement d'un animal en quête de nourriture, un renard, un sanglier ou un cerf ?

Tendu, fatigué d'être aux aguets, Paol se laissa glisser dans le sommeil. Mais le feu continua à crépiter, entretenu par une main invisible. La forêt s'éveillait. Des centaines d'yeux s'ouvraient et d'étranges silhouettes sortaient des fourrés. Ils entourèrent Paol. Le vieil arbre se mit à parler : « Un homme a osé pénétrer sans permission dans notre sanctuaire ! Malheur à celui qui foule le sol sacré de Barenton ! »

« Non ! » crièrent les korrigans, les elfes et les fées. « Non, nous qui sommes les esprits de la forêt nous le connaissons bien, c'est Paol de Comper, il est bon et respectueux de la forêt. Nous répondons de lui. Faisons-lui la grâce du don, accordons-lui de voir avec le cœur. »

Au petit matin, Paol fut réveillé par les chants des oiseaux. « Je ne sais où mon esprit est allé, mais quelle merveilleuse nuit ! » se dit-il en s'étirant. Il entendait gargouiller le ruisseau de Barenton, au pied du grand chêne, près de la dalle de pierre où se tient la fontaine trois fois millénaire. Il se pencha entre les deux rangées de cailloux, à l'endroit où l'eau affleure. Il vit d'abord des tritons qui nageaient paisiblement et les salua joyeusement.

Il prit l'eau dans ses mains et s'en aspergea le visage. Contemplant son visage dans le reflet de l'eau, il se trouva beau, pour la première fois.

Il se dirigea vers l'oratoire situé à quelques pas de là. Une buse s'envola en criant, et il admira ses grandes ailes brunes qui se détachaient sur le bleu du ciel. Il remit quelques ardoises sur le toit de l'oratoire, balaya le seuil avec une grosse branche de genêts. Il alluma enfin une chandelle à la mémoire de sa mère et de son père. Il se recueillit un moment, puis adressa une prière muette à sa mère : « Je n'ai même pas le souvenir de ton visage, pourtant je sens ta présence avec moi. » Il lui sembla que la forêt lui répondait.

Paol avait accompli son pèlerinage. Il se pencha une dernière fois sur la fontaine et but un peu d'eau.

Quand il se redressa, un étrange spectacle l'attendait sur la margelle : trois korrigans velus y étaient assis et le contemplaient gravement. De l'autre côté, un nain bourrait sa pipe, un peu plus loin une créature étrange se tenait campée sur une seule jambe. À l'autre extrémité de la fontaine, une belle jeune femme lissait sa longue chevelure.

Paol ne sut jamais pourquoi et par qui, dans la nuit, il avait reçu le don de voir la forêt. Il porta la main à sa poitrine et s'inclina profondément devant tous les esprits réunis. La belle dame lui sourit, et les korrigans firent trois pirouettes.

Puis il commença à redescendre vers la vallée. Sur le chemin du retour, il marchait sans peine, le pas et le cœur légers. Il allait bientôt découvrir à quel point ce don l'avait transformé…

MT

La légende de sainte Onenne

Dès sa naissance, la petite princesse Onenne avait affiché un caractère entier. Elle n'était pas de ces marmots braillards qui usent les oreilles et la patience de leur famille. Simplement, ce qu'elle avait décidé, elle s'y tenait, avec application et persévérance. Son entourage reconnaissait que ses choix étaient généralement judicieux, et qu'elle faisait preuve d'une sagesse et d'une capacité de réflexion surprenantes pour son jeune âge. Mais Onenne avait vingt et un frères et sœurs, et son caractère affirmé était peut-être simplement sa façon à elle de se distinguer, de se faire une place au milieu de la nombreuse famille née de Hoël III, qui régnait en ce VIIe siècle, sur la Domnonée continentale.

Calme et sérieuse, la petite fille reçut les soins des meilleurs précepteurs : elle ne rechignait pas à l'étude, sut très vite lire et écrire plus correctement que ses frères et sœurs. Pratelle, sa mère, lui apprit les façons d'une noble dame, l'art de tenir une maison et de faire obéir les domestiques, et l'obligation de faire la charité. Ce fut elle qui lui enseigna ses prières, et ses premières notions de l'histoire sainte. Lorsque l'enfant découvrit l'exemple du Christ, elle sut que son chemin était tout tracé. Elle passerait sa vie à aimer Dieu et à aider son prochain. Elle aurait pu se conformer à cet idéal tout en conservant titres et honneurs. Mais elle avait choisi d'accomplir sa destinée sans compromission et d'aller jusqu'au bout de sa vocation, avec tout ce que cela supposait de renoncement.

Elle demanda très cérémonieusement une audience à son père et à sa mère, et, devant les barons réunis, annonça qu'elle désirait se retirer de la vie mondaine et laisser tous les avantages que lui donnait sa naissance. Elle n'entrerait pas au couvent, et ne fonderait nulle confrérie religieuse. Elle voulait seulement vivre comme les plus pauvres, à leur côté. Pour subsister, elle se ferait gardeuse d'oies dans l'humble village de Tréhorenteuc. Son temps libre irait à la prière et à la charité, elle soignerait les malades et assisterait les mourants. Il lui fallut plaider longuement sa cause pour convaincre ses parents. Mais ils connaissaient l'obstination de leur fille, et le roi de Domnonée finit par céder, à deux conditions. La jeune fille habiterait dans ce qu'à Tréhorenteuc on appelait le « palais », une vaste maison, où l'on trouvait, encore en bon état, les éléments de confort dont ses constructeurs l'avaient pourvue cinq siècles plus tôt ; et chaque semaine, sa mère lui porterait de quoi se nourrir. Onenne dut fléchir.

Elle partit, sans bagages, portant ses vêtements les plus ordinaires. Mais les robes d'une princesse, même très simples, sont encore d'un luxe que ne connaît pas le petit peuple. Avec ses tuniques de fin lin blanc brodé et sa cape de drap brun bordée de fourrure, Onenne affichait une exceptionnelle élégance au milieu des tenues délavées et des toiles grossières que portaient ses voisines. Elle avisa une jeune fille de son âge, pauvre parmi les pauvres, qui vivait de menus travaux et surtout de mendicité. Onenne la prit à part et lui proposa d'échanger leurs vêtements. La jeune fille, qui croyait à une méchante plaisanterie, lui répondit durement. Avec fermeté et douceur, la princesse la persuada de sa bonne foi. Vêtue de neuf, la pauvresse prit la fuite, de crainte que la princesse ne se ravise. Mais l'échange des vêtements n'était pour Onenne que le premier signe visible d'un changement profond et définitif. Elle commença sa nouvelle vie, s'en allant la journée aux champs, passant le matin et le soir à la chapelle. Les malades prirent l'habitude de la visiter en son « palais », les affamés suivirent le même chemin, car elle distribuait tout ce que son père lui faisait porter, se contentant de soupe d'herbes, de pain, de pommes et, rarement, de fromage.

Cependant, même mal vêtue, la princesse restait une fort jolie fille, comme l'avaient remarqué les garçons du bourg — et ceux de la campagne. Retenus par sa réputation de vertu, par son caractère inflexible, et par la crainte de la réprobation populaire, aucun ne se serait permis de l'importuner. Une petite troupe de soldats qui manœuvraient par là eut moins de scrupules. La bergère était ravissante, avec sa taille fine, ses longues jambes, et d'autres charmes bien apparents sous la toile usée de sa robe. Par chance elle était seule. Pas un paysan dans les champs alentour, personne sur le chemin, même pas un chien pour donner l'alerte. Sans se concerter, ils franchirent le talus en courant. Onenne tenta de s'enfuir, mais les quatre voyous étaient plus rapides qu'elle. Plus rapides qu'elle, mais bien moins que les oies qui s'élancèrent sur eux toutes à la fois, criaillant de colère. Les soudards ne comprirent pas immédiatement qu'ils étaient la cible d'une attaque en règle. De saisissement, ils ne pensèrent pas à tirer leurs épées : des becs cruels pinçaient leurs jambes découvertes, des volatiles sifflant de rage leur sautaient au visage, visant leur nez, leur arrachant des touffes de cheveux. Les plumes blanches tourbillonnaient et les assaillantes se relayaient sans cesse. La bataille ne dura guère. Les oies étaient tenaces, les soldats beaucoup moins, et le vacarme pouvait d'un instant à l'autre alerter un voisin ou un passant. Courageux mais pas téméraires, les quatre gaillards se replièrent en désordre, l'épée au fourreau.

Et la vie reprit. Le mois de mai arrivait à Tréhorenteuc, avec son cortège de soleil et de fleurs. Chaque soir, Onenne, qui avait pris l'habitude d'aller prier la Vierge dans un oratoire perdu au fond d'un chemin creux, traversait tout le village, longeant les jardins débordants de fleurs. Et chaque matin, les villageoises découvraient que leurs plus belles roses avaient disparu. Chacune accusa sa voisine, on se mit à épier les allées et venues, et la triste vérité éclata : Onenne, la princesse Onenne, prélevait chaque soir les boutons prêts à éclore des rosiers du village. On avait failli la prendre pour une sainte, et elle n'était qu'une voleuse. Mais les partisans de la jeune femme, et ils étaient nombreux, raisonnèrent les jardinières courroucées. Pourquoi celle qui avait renoncé aux honneurs et aux richesses de ce monde se comportait-elle ainsi ? Si elle avait désiré des roses, ne lui en aurait-on pas volontiers offert ? Les villageois décidèrent d'en savoir plus. Deux jeunes gens, habiles chasseurs — il n'en manquait pas à Tréhorenteuc — furent chargés de suivre Onenne sans se faire remarquer. La jeune fille emprunta le chemin habituel, cueillant au passage ici une rose crème à peine éclose, là une corolle pourpre au lourd parfum. Elle arriva à la croisée des chemins, près d'une petite construction de schiste qui abritait une simple statue de Marie, et déposa son bouquet sur l'entablement qui soutenait la statue. Puis elle s'agenouilla et pria longuement. Les espions retenaient leur souffle. Une intense lumière dorée inonda la scène. À travers les rayons qui émanaient de la statue, ils virent deux longues formes blanches se pencher vers Onenne, leurs ailes à demi déployées. Chacun des deux anges saisit la jeune fille par un bras et, la soutenant ainsi, ils l'élevèrent jusqu'au visage de la Vierge. Celle-ci toucha de ses lèvres le front de la jeune fille. Puis les anges reposèrent doucement Onenne sur le sol, la lumière pâlit, puis s'éteignit. Les deux jeunes gens entendirent pendant un instant un chant lointain, qui les emplit d'une joie sereine. Une odeur mille fois plus exquise que celle des roses flottait dans l'air. Ils restèrent cachés pendant que la princesse disait une dernière prière et repartait vers le village.

Le miracle fit grand bruit dans la région, mais rares furent ceux qui osèrent en parler à Onenne. Comment lui avouer qu'on l'avait soupçonnée, suivie, épiée ? On écouta désormais ses avis avec encore plus de zèle, et les miséreux venaient en grand nombre lui demander d'intercéder par ses prières auprès de Marie ou du Christ. Un peu partout alentour, l'on commença à la surnommer la Vierge Royale.

Les années passèrent. Onenne gardait moins souvent les oies, et sillonnait la forêt, guérissant les malheureux par les plantes ou les assistant par ses prières. Elle qui se nourrissait frugalement, et marchait parfois tout le jour, vit peu à peu son corps gonfler, ses jambes s'alourdir. Elle accueillit avec sérénité l'épreuve que le seigneur lui envoyait. Aussi longtemps qu'elle le put, elle demeura active. Même en ses derniers jours, devenue énorme, allongée sur son lit de douleur, elle continuait à conseiller, à soigner, à prier surtout. À son confesseur, elle avoua ses regrets de ne pouvoir continuer sa mission sur cette terre de Brocéliande qui lui était chère. Du moins savait-elle maintenant ce que souffraient ceux qui, comme elle, étaient atteints d'hydropisie. « Je connais vos douleurs, je les ai endurées », leur répétait-elle pour les encourager. La maladie ne lui laissa que peu de répit, et elle ne tarda pas à quitter ce monde. Sanctifiée par le peuple qui n'avait pas attendu les avis des docteurs de l'Église, elle fut priée par les hydropiques à qui elle avait promis son aide après son trépas. Encore visible au début du XXe siècle, son gisant de bois a maintenant disparu de l'église de Tréhorenteuc où elle avait été enterrée.

CG

Meurtre à Saint-Léry

Saint Méen, puis après lui saint Judicaël, roi de Domnonée, avaient fondé maints monastères et ermitages dans le pays de Brocéliande ; l'un d'entre eux avait été consacré à saint Léry. Au temps où Charles le Grand rassemblait les peuples, avant que le pape ne le couronne empereur à Rome, Winegrial fut nommé abbé de Saint-Léry. Les seigneurs comme les paysans se réjouirent de voir arriver ce prêtre de grande réputation. Compatissant au malheur des humbles, il n'hésitait pas à tenir tête aux princes, et restait intraitable sur les vertus à pratiquer par tous les chrétiens. Ses sermons étaient écoutés et compris de tous, tant était brillante et claire sa façon de parler. Son chant ravissait les anges et lorsqu'il arpentait les villages et les bois, les démons attardés s'enfuyaient à tire-d'aile, sentant bien qu'ils ne faisaient pas le poids en face d'un tel adversaire. Il savait pieusement récupérer les âmes dont le propriétaire, au seuil du grand voyage, découvrait avec terreur qu'il n'avait pas pris grand soin.

Dans un registre moins spirituel mais fort utile à ses paroissiens, Winegrial était réputé pour son habileté à compter, et pour sa probité scrupuleuse. On venait régulièrement le chercher pour assister l'intendant des grands domaines, ou pour contrôler la levée de l'impôt. Ceux qui partaient en voyage avaient l'habitude de lui confier leurs trésors, certains qu'il en assurerait bonne garde.

Le malheur voulut que le baron du Loû quittât son château de Saint-Léry alors que Winegrial accueillait chez lui deux cousins éloignés, jeunes gens d'assez mauvaises manières qu'il espérait ramener à une vie plus convenable. Le noble seigneur s'en vint, comme à l'accoutumée, apporter à Winegrial une cassette qui ne contenait pas moins de soixante pièces d'or. Un trésor qui permettrait des mois et des mois de vie oisive et luxueuse ! Winegrial emporta le coffret dans l'église abbatiale, pour l'enfouir dans une cache connue, croyait-il, de lui seul. Puis, appelé au chevet d'une de ses pénitentes, il quitta le monastère. Les deux cousins se précipitèrent dans le sanctuaire, et forcèrent les lames de bois du parquet, derrière l'autel. La fortune était sous leurs yeux, et ils allaient s'en emparer quand la porte de la sacristie s'ouvrit sur Winegrial, de retour plus tôt que prévu. Le prêtre n'eut pas le temps de pousser un cri. Maniée avec vigueur par l'aîné des deux chenapans, une barre de fer s'abattit sur son front. Pour ne pas être en reste, le plus jeune sortit une dague de sa botte et en porta plusieurs coups à la poitrine et au ventre du malheureux Winegrial. Puis, l'or dissimulé au fond de leurs poches, ils filèrent vers la forêt. Personne ne les avait vus commettre leur forfait, personne n'avait remarqué leur fuite.

Ils revinrent quelques heures plus tard, les bras chargés de gibier qu'ils avaient eu soin de chasser pour justifier leur absence. Tout Saint-Léry était en émoi. Le glas retentissait, la population priait, à genoux devant l'église. Avec un grand air d'innocence, les deux mauvais sujets s'enquirent des nouvelles : pourquoi tant de tristesse, quel malheur s'était donc abattu sur le village. Avec ménagement, on les informa du sort terrible advenu à leur cousin et protecteur. Devant tous ils manifestèrent ce qui convenait d'horreur, d'incrédulité, de chagrin, puis de résignation devant la volonté divine. En compagnie des moines et des prêtres des paroisses voisines, ils passèrent la nuit en prière devant la porte de l'église. Profanée par le meurtre du prêtre, celle-ci ne pouvait plus accueillir le sacrifice de la messe. On avait éteint les cierges et la veilleuse de l'autel ; les ornements sacrés, les objets du culte et les statues vénérées avaient été retirés du sanctuaire souillé.

Deux jours plus tard, une foule immense et recueillie assistait aux obsèques du pauvre curé. Avant le début de la messe, tous les religieux présents s'adressèrent solennellement à saint Léry : il se devait d'intercéder pour qu'un crime aussi épouvantable ne restât pas impuni. La foule priait avec ferveur, joignant ses supplications à celles des hommes d'Église.

La cérémonie allait se terminer, les derniers cantiques s'élevaient vers le ciel lorsque les deux cousins, qui tenaient parfaitement leur rôle de parents accablés, agenouillés au premier rang des fidèles, virent tomber à leurs pieds, sur les dalles du parvis, quelques gouttes de sang. Ils se regardèrent à la dérobée, et les prières s'arrêtèrent brutalement sur leurs lèvres. Sur le front du plus âgé, là où il avait porté le premier coup à Winegrial, une plaie s'était ouverte, d'où coulait un peu de sang. À la poitrine et au ventre, les vêtements du plus jeune se tachaient doucement de rouge. La terreur les cloua sur place, immobiles, muets. Les prêtres qui officiaient à l'autel, la messe dite, se retournèrent vers le public et virent en face d'eux les deux assassins, figés dans l'horreur de la vengeance divine.

Sur l'heure on les interrogea. Ils tentèrent de nier, avec de pauvres arguments, puis commencèrent à se dénoncer l'un l'autre, dans un grand déballage de cris et d'imprécations. Pendant que les hommes de loi et le seigneur écoutaient leurs tristes aveux, la foule, sur le parvis et dans les rues du village, remerciait Dieu d'avoir par ce miracle désigné clairement les coupables ; tous chantaient avec ardeur les louanges de saint Léry.

Le soleil commençait juste à décroître dans le ciel quand les deux cousins furent menés à la potence. Leur corps y resta longtemps, livré aux corbeaux comme c'était d'usage en ce temps-là.

CG

La sainte de Néant

Le château du Bois-de-la-Roche se dressait au-dessus de la vallée de l'Yvel, dans la gloire de ses neuf tours. Du premier château fondé par Philippe de Montauban, et en partie démoli durant les guerres de la Ligue, Henri de Volvire avait fait cette superbe forteresse.

Ce 1er novembre de l'an de grâce 1653, Charles de Volvire, maître du Bois-de-la-Roche, petit-fils d'Henri de Volvire, vient d'apprendre que sa femme a donné le jour à une fille. Les nouveau-nés sont fragiles, et beaucoup trépassent dans les premiers jours de leur existence. Le père ordonne que la nouveau-née soit baptisée dès le lendemain. La cérémonie a lieu en l'église de Néant — pas encore sur Yvel —, dont le curé désigne, comme parrain et marraine, deux pauvres du village. La jeune demoiselle de Volvire reçoit le nom d'Anne-Toussainte, Anne en hommage à la grand-mère du Christ, patronne de la Bretagne, et Toussainte en mémoire du jour de sa naissance — bonne protection, à coup sûr, que d'avoir tous les saints pour veiller sur soi.

L'enfance de la petite fille de la Toussaint se déroule de manière plutôt banale. Elle apprend le catéchisme et les bonnes manières, elle brode, fait de la musique et monte à cheval. Elle a douze ans quand sa famille l'envoie parfaire son éducation chez les Ursulines de Ploërmel. À son retour au Bois-de-la-Roche, elle s'occupe de ses plus jeunes frères et sœurs — la famille, maintenant complète, ne compte pas moins de quatorze enfants.

Jolie et de bonne naissance, Anne-Toussainte ne manque pas de soupirants. L'un d'entre eux, plus que ses concurrents, émeut le cœur de la jeune fille. Hélas, il est de petite noblesse et de fortune encore plus mince. Charles de Volvire ne laisse guère d'espoir aux amoureux : que les jeunes gens soient bien assurés que jamais il ne donnera son consentement à leur union. En père avisé, il décide de conduire sa fille dans le monde, à Angoulême d'abord, où ils ont de la famille, puis pendant quelques mois à Paris. Anne-Toussainte plaît aux jeunes gens et à leurs mères, elle est fêtée dans les salons, elle porte des robes à la mode, son père fait faire son portrait par un peintre de la cour.

Dès son retour à Néant, Charles de Volvire découvre que sa fille n'a pas oublié son premier amour. Elle supplie à nouveau qu'on leur permette de se marier. Son père refuse, inlassablement. Pour en finir avec cette amourette qui s'éternise, il décide d'organiser une partie de chasse où seront conviés tous les beaux partis de la région. À la fin de la journée, il annoncera les fiançailles de sa fille. Anne-Toussainte pleure pendant des semaines.

Le matin tant redouté arrive enfin. Depuis quelques jours, le château du Bois-de-la-Roche s'est rempli de jeunes gens richement vêtus, accompagnés de leurs valets. La veille de la chasse, un repas somptueux est offert aux invités dans la grande salle éclairée de centaines de bougies. De tous les brillants partis qu'on lui a présentés, Anne-Toussainte n'en a remarqué aucun. Elle n'a d'yeux que pour son bien-aimé, relégué parmi les parents pauvres.

La chasse commence, et Anne-Toussainte, excellente cavalière, est parmi les premières à s'élancer lorsque sonnent les trompes. Elle maîtrise parfaitement sa monture, et connaît les moindres recoins de son domaine. Qu'arrive-t-il donc pour que sa jument s'emballe soudain, et l'écume aux lèvres, les yeux fous, quitte la chasse pour galoper à travers les arbres, droit vers le profond ravin qui traverse de part en part les terres de la Roche ? Anne-Toussainte tente de retenir l'animal en faisant appel à tout ce que le vieil écuyer de son père lui a appris. En vain. La jument folle de peur plonge dans le ravin : Anne-Toussainte, dans un ultime réflexe salvateur, se dégage des étriers et s'accroche à un arbre. La jument s'écrase sur le sol, plusieurs mètres plus bas. Anne-Toussainte se retient du mieux qu'elle peut, mais le tronc de l'arbre est mince, ses racines ont peu de prise dans la paroi rocheuse. Elle sait qu'elle ne tiendra pas longtemps. Alors elle prie, et promet, si elle sort saine et sauve de ce grand péril, de se consacrer à Dieu et aux pauvres.

Épuisée, les bras douloureux, elle est sur le point de glisser à son tour dans le précipice où gît sa jument quand elle entend des cris. Elle appelle et voit apparaître au-dessus d'elle le visage de son bien-aimé. Il ne faut que quelques instants au jeune homme pour descendre jusqu'à la jeune fille et la tirer de ce mauvais pas. Il la réconforte, puis la reconduit au marquis de Volvire qui, bouleversé et reconnaissant, lui accorde la main de sa fille. Alors, la voix d'Anne-Toussainte s'élève, forte et claire. Elle a fait le vœu de consacrer à Dieu la vie qu'Il a bien voulu lui conserver et elle ne reviendra pas sur sa promesse.

Pendant des mois, le marquis de Volvire et le jeune soupirant d'Anne-Toussainte la supplient de renoncer à se retirer du monde. Avec la même détermination qu'elle avait montrée à rester fidèle au jeune homme, elle est maintenant tout entière tournée vers la religion. Charles de Volvire se résout enfin à voir sa fille entrer en religion. Expérience qui finit par lui devenir habituelle : parmi ses quatorze enfants, quatre filles entrent chez les Ursulines, deux fils aux Carmes, un dernier enfin se fait curé. (En eut-il quelque grief contre le Seigneur, ou le remercia-t-Il de prendre en charge une partie de sa nombreuse descendance ?)

Anne-Toussainte entame sa nouvelle vie avec une énergie et une rigueur étonnante chez une jeune fille de dix-huit ans. Elle multiplie les retraites dans plusieurs couvents, se forme au soin des malades, et finit par prendre le voile chez les Visitandines. Elle a juré de se consacrer aux pauvres, elle accomplit sa promesse de deux manières : elle soigne leurs maux, elle les instruit. Pendant vingt ans, inlassablement Anne-Toussainte veille au fonctionnement des hôpitaux de Guilliers et du Bois-de-la-Roche, elle visite les malades chez eux, elle s'assure que les pèlerins sont bien accueillis. Cela ne suffit pas à combler son zèle. Elle fonde des écoles où l'on enseigne les rudiments de la lecture, de l'écriture, du calcul et l'éducation religieuse, ainsi que les bonnes manières. Pour remplacer la dot qu'elles n'auront pas, les filles apprennent le travail de la laine, la couture et la broderie.

Anne-Toussainte est fatiguée. Par tous les temps, elle parcourt le pays sur son âne, avec une seule compagne pour veiller sur elle. Elle sait qu'elle ne vivra pas très longtemps. Pour que son œuvre lui survive, elle crée une société de Dames charitables, dont elle recrute les membres dans les meilleures familles de la région. Ces dames ont le devoir de fournir aux plus démunis des vêtements décents et de s'assurer que des institutrices veilleront sur les jeunes filles ; elles devront aussi continuer à faire fonctionner les hôpitaux et les hospices.

Au début de 1694, Anne-Toussainte se prépare à quitter le monde. Elle demande à être enterrée non pas dans la chapelle familiale, ou dans l'église de Ploërmel, comme son père, mais dans l'église de Néant, où elle a reçu le baptême. Elle meurt le 20 février. Deux jours plus tard, un cortège de pauvres gens escorte la charrette attelée de bœufs qui emporte le corps de celle que l'on commence déjà à surnommer la sainte de Néant. Quand l'attelage atteint le point où, aujourd'hui, la route du bois de la Roche rejoint celle de Ploërmel, les animaux s'arrêtent pour souffler un instant. Du talus jaillit alors une source, que l'on peut encore voir, entourée d'un enclos de pierre taillée : c'est la « fontaine de la sainte », qui donne de l'esprit à ceux qui en manquent et le goût du travail même aux plus paresseux.

CG

Les saints de rien

La maladie de la modernité à tout prix n'est pas une maladie d'aujourd'hui. Voici près de quatre siècles, elle frappa le recteur de Concoret. La vieille et charmante église de pierre rouge, avec son chapitret encadré de grosses colonnes, abritait tout un peuple de saints naïfs, taillés dans des troncs de chêne. Maladroits et souriants, le badigeon un peu défraîchi, ils étaient familiers à tous, et certains des habitants de la paroisse ne passaient pas une semaine sans venir leur demander quelque protection. Mais le curé rêvait de statues en pierre, de dorures et de poses maniérées, bref il voulait que son église soit à la mode. Dimanche après dimanche, il persuada son auditoire de la nécessité impérieuse de remplacer les vieux saints, « des saints de rien », aimait-il à dire. La renommée de la paroisse y gagnerait, la piété des paroissiens apparaîtrait plus éclatante s'ils offraient à leur sanctuaire une nouvelle parure. Pour un peu, il aurait assuré que Dieu écouterait avec plus d'agrément les prières montant d'une église si élégante. Quelques dévotes un rien prétentieuses, quelques fidèles à la conscience un peu chargée, et la majorité bien moutonnière lui permirent de réaliser son rêve. Les nouvelles statues arrivèrent, écrasant de leur splendeur les vieux saints qui furent aussitôt remisés au fond de l'église. Affection ou superstition, personne n'osa les jeter à la rue, et le temps passa.

Vint pourtant le jour où le successeur du recteur, non moins moderniste, décida qu'il était temps de se débarrasser de ce tas de vieilles carcasses toutes mangées aux vers. Les saints étaient à peu près méconnaissables avec leur bois moisi et leur peinture écaillée. Saint Laurent avait perdu son gril, saint André sa croix, et sainte Anne son livre et ses deux bras ensemble. Mais aussi lamentables qu'elles fussent, il s'agissait de statues consacrées et l'on ne pouvait décemment les jeter dans quelque fossé ou au fond d'un étang. Le feu seul convenait à leur sacrifice.

Le recteur appela à la rescousse son homme à tout faire — valet, jardinier, bedeau, cuisinier —, le grand Pierre de la Loriette, et lui ordonna de réduire les saints en cendre. « Et le plus tôt possible, ajouta-t-il, mon église doit être nettoyée de ces vieux débris, de ces saints de rien, pour la messe du 15 août. »

Des saints de rien ! Pierre se rappelait son enfance. Sa mère l'avait souvent emmené s'agenouiller devant les statues de bois. Sainte Anne avait sa préférence — entre femmes on se comprend — mais elle ne dédaignait pas de faire appel à saint Laurent, officiellement saint patron de Concoret. La vieille dame avait quitté ce monde depuis bien des années, mais Pierre imaginait sa réaction à l'annonce de sa mission. À quarante ans bien sonnés, il aurait à coup sûr reçu la plus monumentale paire de claques de sa vie. Par prudence, il évita même de se rendre sur la tombe familiale les jours qui suivirent l'ordre de cet autodafé à l'envers.

Les jours passaient, le curé insistait, et Pierre se lamentait auprès de ses amis. Plusieurs d'entre eux, il s'y était attendu, partageaient son indignation. Mais il était surpris de la réaction d'Eugène, l'apprenti du menuisier de la Rivière. Le garçon n'avait jamais brillé au catéchisme, et s'en tenait, le dimanche et les jours de fête carillonnée, au service religieux minimum. Mais il aimait les vieux objets et réparait avec amour les meubles les plus vermoulus. Il entra dans une colère noire contre le curé, qui aurait été plus avisé de lui donner les statues à réparer. Lui, Eugène, aurait volontiers travaillé pour rien, sur son temps libre. Il restait assez de place dans l'église pour les exposer. Il leur aurait même fabriqué les socles, s'il avait fallu.

Le prêtre convoqua son valet. La comédie avait assez duré ; le four commun devait être allumé jeudi pour cuire la fournée de la semaine, les saints feraient un excellent combustible. Pierre était chargé de les apporter au lieu et à l'heure dits pour les précipiter dans le feu quand le curé lui en donnerait l'ordre. Eugène, étonnamment serviable, lui promit d'aller chercher les statues à l'église dès le mercredi soir, et de les véhiculer près du four le jeudi matin dans la voiture à bras de son patron.

Le lendemain, Eugène roula son chargement devant tout le village réuni pour l'adieu aux statues. La mine lugubre, Pierre s'empara d'un premier saint, et le mit au feu ; le second suivit, puis le troisième. Il s'attendait à une manifestation de la colère divine devant le sacrilège dont il se rendait coupable. À moins que le diable, se méprenant sur son geste, ne l'entraînât directement en enfer. Et si le fantôme de sa mère… Une énorme détonation coupa court à ses pensées. Devant les villageois éberlués, le four venait d'exploser, révélant son ventre rougeoyant ; à plus de dix mètres du foyer, un tronçon de saint brûlait en crépitant, tout déchiqueté par la charge de poudre dont Eugène l'avait farci la nuit même. Pierre se réjouissait sans vergogne. « Les vieux saints de rien ont montré ce qu'ils avaient dans le ventre », répétait-il tout heureux de son bon mot, plus enchanté encore de la mine déconfite du recteur, qui contemplait, navré, son four béant et ses paroissiens suffoqués.

On parla de l'affaire pendant des mois. Les Concoretois étaient partagés. Certains dénonçaient la supercherie d'Eugène, d'autres restaient persuadés, au fond d'eux-mêmes, que Dieu n'avait pas apprécié qu'on Lui rôtît Ses saints, et l'avait fait savoir par des voies inattendues. Mais Dieu n'avait pas dû aimer non plus qu'on ait ridiculisé Son prêtre. Dans les mois qui suivirent, Pierre, Eugène, et quelques fortes têtes du bourg furent requis pour réparer le four. Eugène, plus jeune et plus leste, grimpa placer les dernières pierres du toit. Il voulut régaler ses amis de quelque pitrerie, glissa et se brisa le bras gauche sur le sol.

CG

L'ermite et le saint

Il est, en Brocéliande, des histoires vraies et des personnages réels si extraordinaires qu'on les croirait tout droit sortis des contes, ou prêts à y entrer. Les sceptiques constatent en ricanant la capacité des lieux à attirer des originaux de belle pointure. Certains les nomment les derniers druides, d'autres les grands inspirés de Brocéliande ; on leur attribue aussi des qualificatifs moins mystiques. Mais qu'on les admire ou qu'on en rie, c'est tout cela aussi qui fait Brocéliande.

Lorsqu'on suit le joli chemin qui mène au Val aux Fées, on découvre les rochers « druidiques » du Pas de la Chèvre, la Pierre à sacrifices et les ruines de la maison de Jobard. Les rochers sont peut-être néolithiques ; que les druides aient grand-chose à voir avec eux demeure à prouver. Mais la croyance est tenace, la chronologie relative, le temps une notion fugace, et la référence celtique tentante. Alors les pierres restent druidiques, et sacrificielles, pour faire bonne mesure.

Par contre, le Jobard dont il est question ici n'est pas une figure légendaire, pas plus qu'un être de l'Autre

Monde. Mais il entoura sa retraite en Brocéliande de tant de mystère qu'un peu plus d'un siècle après son installation à Concoret, le personnage s'enfonce déjà dans les brumes de la mémoire. Devant les ruines de son ermitage, on n'évoque pas sans une fugitive pensée pour Blaise et pour Merlin celui qui vécut ici de longues années en compagnie des brebis et des loups. Moins de loups sans doute que ne le prétendent les récits du cru, car Félix Bellamy signale qu'en 1892, il reste à peine, dans toute la forêt, une demi-douzaine de ces grands persécutés…

Un beau jour de 1885 donc, un étranger arriva à Concoret. Pas un étranger venu de Plélan ou de Ploërmel, pas un de ceux non plus dont un colloque rapidement mené entre commères a tôt fait de percer l'incognito et de remonter la filiation. Non, un étranger qu'on ne savait même pas qui c'était ! Plutôt convenablement vêtu, l'homme portait à la main une sacoche de gros cuir brun. Il demanda à être reçu par le maire devant lequel il étala toute une liasse de papiers timbrés. Donations, actes de propriété, rien ne manquait. Le premier magistrat de la commune n'était pas un expert, mais tout semblait correct. Les quelques hectares de landes et de bois du Pas de la Chèvre et du Val aux Fées appartenaient bien à ce Jobard venu de la ville, et il pouvait y élever vaches, chèvres ou moutons. Le maire eut beau essayer d'en savoir plus en questionnant habilement, pensait-il, le nouveau venu, jamais il n'obtint beaucoup de détails sur la vie passée de Jobard.

L'homme s'installa au cœur de son petit domaine forestier, acheta quelques bêtes. Il ne fréquentait personne, ne se rendait pas dans les cafés. On le voyait chaque semaine au bourg, car il ne manquait jamais la messe du dimanche, mais sa pratique de Concoret se limitait à des courses indispensables, des pommes de terre, du café, du sel, des allumettes, et, ce qui était sans doute son luxe suprême, un morceau de viande. Les commerçants eux-mêmes, pourtant entraînés à recueillir les avis et états d'âme de leurs clients, ne tiraient de lui que quelques mots de politesse. Jobard ne manquait apparemment pas d'argent, payait toujours comptant ses achats, et laissait son obole à la messe. Il quitta ce monde sans livrer son secret, et les ruines à peu près disparues de sa maison du Pas de la Chèvre n'en diront pas plus.

De l'autre côté de Brocéliande, un autre ermite avait défrayé la chronique, quatre siècles plus tôt, au temps que la Bretagne était encore un duché. Il s'appelait, dit-on, Yvon Harscouët, et avait des idées politiques. Porté par l'ardeur de sa jeunesse, il entreprit d'ourdir une conspiration contre Pierre Landais, le puissant ministre des Finances du duc François II, le père de la duchesse Anne. Le jeune homme voulait prouver la corruption de celui-ci, dénoncer sa mauvaise conduite des affaires, bref, il avait échafaudé la panoplie complète de la revendication ordinaire. Sans doute ses complices et lui-même ne prirent-ils pas toutes les précautions nécessaires. Trop sûrs de savoir garder un secret, préjugeant de la sympathie que leur vaudrait leur coup d'éclat, ils mésestimèrent la puissance du favori du duc, et de ses forces de police. L'affaire échoua et Yvon Harscouët prit le maquis, ou ce qui y ressemblait le plus, et se réfugia au sein du « désert », comme l'on appelait alors les vastes espaces vides de toute population, qu'ils soient de montagne, de forêt ou de sable. Une petite vallée près de la lande perdue de Coëtquidan recueillit le fuyard.

Il s'y installa dans une grotte et renonça peu à peu à l'agitation du monde ; la fièvre du pouvoir, le désir d'intervenir dans les affaires de l'État lui parurent sans doute bien vains face à la splendeur et à la sévérité de la nature dans laquelle il vivait, et contre laquelle il devait parfois lutter. La grandeur de Dieu s'imposait à lui, dans le silence de sa retraite. On ne sait s'il tenta de rentrer en grâce auprès des souverains bretons et s'il échoua, ou s'il s'adonna sans résister à sa vie d'ermite.

Pour les habitants des villages alentour, il n'y avait aucun doute ; cet homme-là, plein de piété, toujours prêt à écouter et à aider ceux qui venaient le visiter, était un saint. Pourquoi le baptisèrent-ils saint Couturier ? Yvon Harscouët assurait-il sa subsistance par quelques travaux de couture ? Sa grotte, aujourd'hui, ne ressemble guère à un atelier, mais les étoffes qu'ils cousaient étaient probablement aussi rugueuses que le décor dans lequel il travaillait. À moins qu'il n'ait mérité son surnom par l'habileté avec laquelle il conseillait son prochain, raccommodant les âmes déchirées et les réconciliant avec elles-mêmes et avec Dieu.

Les habitants de la région pleurèrent leur « saint » lorsqu'il vint à disparaître, et lui firent sculpter une belle statue de bois qu'ils installèrent dans la grotte où avait vécu Yvon Harscouët. Elle faisait l'objet d'une piété naïve et de quelques-uns de ces rituels qui fleurissent autour des effigies sanctifiées, qu'elles l'aient été par l'Église ou par la piété populaire. Les jeunes filles en quête d'un époux avaient coutume de venir planter des épingles dans la statue : à charge pour le saint de coudre alors deux destins l'un à l'autre.

Mais au XIXe siècle, quand le clergé, en grand souci de modernité, entreprit de rénover les vieilles églises ou d'en bâtir de nouvelles, il en profita pour se débarrasser, d'un même coup de balai, de tout un tas de vieilles superstitions rurales d'où émanait quelque relent de paganisme mal oublié. La statue de saint Couturier avait trop de succès. Les recteurs d'Augan et de Beignon la retirèrent de son sanctuaire sauvage. Mais le saint n'entendait pas se laisser malmener de la sorte. Tout le long de la route jusqu'au cimetière de Beignon, le tonnerre gronda, la tempête se déchaîna, on entendit même, dit-on, une meute de chiens fantômes hurler au passage du cortège. Une fois la statue enterrée en terre consacrée, près de l'église de Beignon, Brocéliande s'apaisa, ayant fait de dignes adieux à celui qui s'était si longtemps réfugié en son sein.

CG

MÉTAMORPHOSES

La grande bête aux cornes d'or

Le roi Arthur avait pour coutume de réunir toute sa cour pour les grandes fêtes chrétiennes, à Noël, à Pâques et à la Pentecôte. Tous les princes d'Europe et d'Orient se rendaient en Grande Bretagne, à Carduel ou à Camaalot. Il arrivait aussi que le roi établisse sa cour en Petite Bretagne, dans un château aujourd'hui invisible aux hommes de peu de foi. On raconte qu'il se situait en forêt de Brocéliande, entre des rochers escarpés, près de l'étang du Pont Dom Jean, au lieu-dit de La Courbe.

En ce jour de la Pentecôte, le roi Arthur et ses chevaliers se rassemblent dans l'abbatiale de Paimpont pour écouter l'office. L'homélie dite, la messe célébrée, les aumônes distribuées aux pauvres, ils se préparent à regagner le château de la Courbe. Si la Parole a abreuvé les esprits, la chair reste affamée, et les estomacs creux.

À leur entrée dans la grande salle du donjon, ils trouvent la table dressée. La nef du roi est installée, les écuelles et les hanaps sont disposés sur les belles nappes blanches, les aiguières sont prêtes pour les ablutions : on est entre gens raffinés, et l'on ne passe à table que les mains et le visage rafraîchis à l'eau parfumée de rose. Les convives attendent le signal des musiciens qui sont sur le point de jouer des chalémies pour corner l'eau. Or rien ne se produit. Le premier service est retenu en cuisine, et les porées vertes et blanches refroidissent déjà.

Kay, le sénéchal du roi, prend la parole :

« Seigneur, n'est-il point l'heure de nous sustenter ? »

Le roi le réprimande :

« Kay, mon frère, quelles paroles brutales ! Vous êtes une fois encore discourtois, comme trop souvent. Vous savez très bien que je suis le gardien de la coutume et que l'usage à la Table ronde veut qu'il nous advienne une belle aventure avant de passer à table. Nous l'attendrons… L'appétit ne saurait prévaloir sur la coutume !

— Je croyais le carême passé. Mais peut-être plaît-il à Notre-Seigneur que nous jeûnions en ce jour de Pentecôte ? réplique le sénéchal. Pourtant nous Lui avons rendu grâce et chanté Ses louanges. Son Esprit suffira-t-il à nous réconforter aujourd'hui ?

— Il suffit mon ami, votre langue est bien plus aiguisée que tous nos appétits réunis. Je vous ordonne de vous taire jusqu'à l'arrivée d'une noble demoiselle, d'un chevalier inconnu ou d'un ermite chenu. Ils ne devraient plus tarder maintenant. »

Les chevaliers ont pris place d'un côté de la table. Ils devisent gaiement entre eux. Kay boude dans son coin.

Au loin, les cloches de Paimpont sonnent none. Le silence règne à présent, lourd et pesant, tandis que les estomacs restent vides. On fait venir un jongleur et un montreur d'ours, en entremets, pour faire oublier l'attente qui se prolonge : ils tentent, sans succès, de distraire la cour. Au bout d'un moment, le roi lance aux troubadours une généreuse poignée de pièces d'or et les congédie. Il se lève brutalement, et déclare devant toute l'assemblée :

« Que l'on m'apporte mon épée et que l'on fasse seller mon cheval. Puisque l'aventure ne vient pas à nous, nous irons au-devant d'elle. »

Toute la cour applaudit l'initiative royale, avec un évident soulagement. Les chevaliers se réunissent au pied des remparts. Les chevaux sont harnachés. Les dames s'installent gracieusement sur leurs mules, aidées par des pages empressés. Les écuyers ont chargé quelques roncins de capes, d'armes, de vin et de nourriture : il vaut mieux être prêt à tout, si par malchance l'aventure se faisait désirer longtemps encore.

Toute la cour s'en va sur les chemins de Brocéliande. Le pas des chevaux fait craquer les menues branches. Le gargouillis d'un ruisselet fait écho à celui des estomacs vides. Le roi mène la chevauchée, les chevaliers le suivent, les dames marchent à l'amble derrière eux. Arthur lève la main et fait signe de s'arrêter.

« Mon neveu, dit-il à Gauvain, il me semble entendre des cris. Quelqu'un appelle et je vais voir ce qu'il en est. Attendez-moi ici.

— Sire, ne prenez pas le risque d'y aller seul. Laissez-moi vous escorter.

— Gauvain, avez-vous déjà oublié que l'aventure est un chemin solitaire ?

— Non, mon roi. Personne n'ira avec vous, si telle est votre volonté. » Et Gauvain s'incline devant le souhait du roi.

Arthur s'avance seul sur le chemin. Au détour du sentier il découvre un petit vallon traversé par une fraîche rivière ; sur ses bords s'élève un moulin dont les ailes sont immobiles.

Une jeune paysanne est assise dans l'herbe, les jupes en désordre. De sa bouche s'échappent des cris aigus. Elle hurle, s'arrache les cheveux, se tord les mains, donne tous les signes d'un vif désespoir.

Le roi s'approche d'elle.

« Que t'arrive-t-il, brave femme ? » Elle crie si fort qu'Arthur en est tout abasourdi. Il tente de la calmer. Il la raisonne, puis la secoue, et, oublieux soudain de toute courtoisie, finit par lui flanquer une paire de gifles. Les hurlements s'arrêtent net. La pauvre paysanne regarde le roi. Elle reconnaît, pour l'avoir vu sur des monnaies, ce menton volontaire, ce nez fier, cette mâchoire large. Calmée, presque rassurée, elle lui dit qu'elle vit un cauchemar : une terrible bête, comme personne n'en a jamais vu, est entrée dans son moulin, et dévore tout son blé — le sien et celui qu'elle doit moudre pour les paysans des environs.

Arthur écoute et se fait une réflexion : point de blé, point de farine et point de pain. Il sent son estomac se tordre sous sa broigne. Puis, oublieux de son inconfort, il se rappelle qu'il est de son devoir d'assurer à son peuple richesse et fécondité.

Alors il attache sa monture à un arbre, et de sa démarche de colosse guerrier, pénètre dans le moulin où règne l'obscurité. Il sort Excalibur de son baudrier et la lame de l'épée projette autour d'elle une lueur claire. Une énorme bête se dresse en face de lui. Grande comme deux, non, trois taureaux. Son poil est d'un roux flamboyant, presque rouge. Elle mastique méthodiquement le grain, et ne semble prêter aucune attention au roi. Arthur l'interpelle d'une voix de stentor. Rien ne se passe, sinon que la bête redouble d'appétit. Le roi enrage. Il s'approche et, du plat de son épée, donne un coup sur le flanc du monstre. Celui-ci se tourne, le dévisage quelques secondes de ses gros yeux noirs, et se remet à mastiquer de plus belle.

Le roi est stupéfait par la face de la bête. Trois énormes cornes doré et noir sont plantées au sommet de son crâne. Arthur prend son élan et vient lui donner un grand coup de botte dans l'arrière-train. L'étrange bovin fait un écart, puis reprend son repas. La bête semble si placide que le roi de toutes les Bretagne rengaine son épée. Il s'approche du monstre, le prend par une patte et, de toutes ses forces, tente de le faire bouger. Il ne se déplace pas d'un pouce. Cherchant une prise plus efficace, Arthur voit dans la pénombre étinceler les cornes d'or. Il empoigne deux d'entre elles et, en ahanant, essaye de le traîner vers l'extérieur. L'animal reste à la même place, et le roi s'exténue en vain. Plein de rage, Arthur veut asséner un coup de poing sur sa face butée. C'est alors qu'il s'aperçoit que ses mains sont rivées aux cornes de l'animal, et qu'il est incapable de les en retirer.

Au même moment, la bête se décide à se mouvoir tranquillement. Elle relève son énorme tête, étire son long cou : le roi se retrouve pendu à ses cornes. Il appelle, demande de l'aide, se contorsionne, lance ses jambes en tous sens. Ses mains restent collées aux cornes d'or. La bête passe paisiblement devant les demoiselles et les chevaliers suffoqués par un tel spectacle. La cour se signe tandis que la bête continue son chemin, au petit trot, puis au galop vers les taillis les plus sombres. Les chevaliers sautent en selle et la suivent, en prenant bien garde de ne pas l'effrayer. L'animal choisit un sentier escarpé. Il grimpe sur des rochers déchiquetés et entraîne Arthur au-dessus d'un précipice. Le roi est maintenant suspendu dans le vide. Les chevaliers se sont regroupés au pied des rochers. Certains veulent faire quérir des archers, d'autres envisagent de contourner les rochers et d'attaquer par l'arrière. Le roi entend ses chevaliers et les conjure de ne faire aucun mal à la bête. « Surtout ne cherchez pas à l'abattre : toute chute me serait fatale, leur crie-t-il, car je tomberai avant elle et elle m'écraserait de tout son poids. »

Gauvain s'est agenouillé. Il tremble pour son oncle et prie Dieu de lui inspirer une idée salutaire. Soudain il se relève d'un bond. Il enjoint aux dames comme aux chevaliers de se dévêtir et de jeter tous leurs vêtements au fond du précipice. Si le roi doit tomber, au moins sera-t-il bien reçu. Et en un instant les voici tous, les nobles dames et les grands seigneurs, parés comme au jour de leur naissance. Devant eux s'étale un imposant tapis de manteaux, cottes, robes, surcots ; même les chevaux ont été priés d'abandonner leurs caparaçons.

La bête contemple ce spectacle original. Les dames, qui ne savent plus où mettre leurs mains pour cacher leur nudité, préfèrent se voiler la face. La bête se met à beugler en roulant ses gros yeux dans leurs orbites. Elle s'agite, gratte la roche du sabot, puis s'élance dans le vide. Les chevaliers, frappés d'horreur, ferment les yeux pour ne pas voir tomber leur roi. Un grand éclat de rire retentit du fond du gouffre. La bête s'est transformée dans sa chute en un magnifique chevalier, tout vêtu des couleurs des bois. Et Arthur est mollement vautré dans le matelas moelleux des habits de cour. Le chevalier des bois s'incline devant le roi.

« Dites à vos gens qu'ils peuvent à présent se vêtir et regagner le château pour se sustenter. Vous l'avez tous bien mérité. »

Il salue le roi et la cour et disparaît en criant : « Dieu, que cette petite mise en scène m'a enchanté. »

Hommes et femmes se saisissent des vêtements, et se couvrent à la hâte, se souciant peu de faire le tri. Le roi ramène une cour aux allures carnavalesques jusqu'au château de la Courbe. Les chalémies cornent l'eau. Les aiguières et les bassins sont apportés…

MT

La cane de Montfort

Au cœur de la Bretagne, au nord-ouest de la forêt de Brocéliande, dans un tout petit village du nom de Saint-Gilles, vivait aux alentours de l'année 1365 la plus jolie des jeunes filles. Elle se nommait Nicole. Elle allait sur ses dix-sept ans et elle était la fille de Pierre et d'Annaïck Corhégal. Grande, élancée, la taille bien tournée, Nicole avait hérité le teint blanc comme la porcelaine de sa mère et la chevelure épaisse et sombre de son père. Sans être une coquette, la jeune fille aimait la toilette. Elle se rendait le dimanche à l'office vêtue de son surcot sans manches, de sa robe du dessous lacée bien ajustée et d'un joli tablier brodé — ce qui faisait jaser les commères du hameau. Elle passait de sa démarche élégante, avec ses claquettes de bois à lanières de cuir qui résonnaient sur le pavé, sans s'apercevoir qu'elle suscitait la jalousie des autres femmes qui échangeaient entre elles des regards complices et hochaient la tête. Pour elles, la réputation de la jeune fille était faite.

Nicole était une *perrenez*, une fille unique, née dans une famille terrienne aisée, connue dans toute la région de Montfort, et destinée à hériter des biens paternels. En un mot, c'était un beau parti et tous les jeunes gens du village et des alentours soupiraient pour Nicole. Comme toutes les filles de son âge, Nicole avait plaisir à danser et fréquentait autant qu'elle le pouvait les fest-noz, fest-dez et pardons.

Mais elle avait déjà choisi l'élu de son cœur, Alain Békouan, un simple garçon de ferme qui travaillait pour les parents de Nicole. Alain était un grand gaillard au visage dur et aux épaules puissantes, mais sous une allure un peu rustre, il était doux et plein d'attentions.

La famille Corhégal était depuis longtemps liée à celle des Békouan, et les deux enfants avaient grandi ensemble, se retrouvant souvent au bord du Meu. Très jeunes, ils s'étaient promis de s'épouser. Tout le monde s'accordait à dire qu'ils formaient un beau couple, et le curé les saluait en les appelant gentiment les fiancés. En gage de leur serment, Alain avait offert à Nicole une jolie médaille représentant la mère de tous les Bretons, sainte Anne tenant contre son sein la Vierge. La jeune fille la portait fièrement sur sa fine chemise de lin blanc. Tout était simple pour Nicole. Elle voyait déjà sa vie auprès de cet époux qu'elle avait choisi tout enfant. Elle s'imaginait prenant soin de leur maison, balayant, cirant les meubles et préparant la soupe tandis qu'Alain fumerait sa pipe au coin du feu le soir. Il lui semblait même entendre leur petite maison se remplir de cris et de rires d'enfants. De plus, malgré sa pauvreté, Alain était généreux. Annaïck, la mère de Nicole, voyait cette future union d'un bon œil, et ne trouvait rien à redire à ce choix.

Hélas, Pierre, le père, s'opposait formellement à ce mariage et ne voulait pas pour gendre d'un simple garçon de ferme, même doté d'un grand cœur. Il rêvait d'une destinée plus brillante pour sa fille unique. Nicole avait bien essayé de le convaincre : Alain savait tout faire, préparer la litière, garnir les râteliers, traire les vaches et baratter le lait. Que souhaiter de plus pour une vie en campagne, à la ferme ? Mais le père de Nicole voyait plutôt sa fille épouser un homme de la ville. À Montfort, au pied du rempart, vivait un vieux maître d'armes. On racontait qu'il faisait des dagues de toute beauté, et le commerce de la guerre n'était pas prêt de se tarir surtout entre la France et l'Angleterre. Ou pourquoi Nicole n'épouserait-elle pas un commerçant ? Ou un regrattier ? Les métiers de bouche ne faisaient jamais faillite. Le père et la fille restaient fièrement campés sur leur position. Nicole souhaitait épouser l'élu de son cœur et monsieur Corhégal désirait pour sa fille une situation sociale plus enviable que simple fermière. Il voulait en faire une bourgeoise.

Nicole lui promettait qu'avec un garçon aussi sérieux qu'Alain, il n'avait pas de souci à se faire pour la propriété familiale, mais elle se heurtait toujours à un non catégorique. Monsieur Corhégal perdait quelquefois patience, son teint s'empourprait, approchait du vermillon et ses oreilles semblaient se coucher en arrière. Il tempêtait, jurait, déclarant que le pauvre Alain pouvait bien vendre la poule noire au diable, il n'aurait jamais sa fille. Dans ces moments-là, Nicole ne préférait plus insister. Elle s'enfuyait vers la rivière de son enfance et pleurait au bord du Meu. Annaïck, en bonne mère, avait aussi tenté d'amadouer le père. Depuis vingt ans qu'elle partageait son quotidien, elle savait qu'il n'était pas un mauvais bougre, un peu entêté mais pas rancunier pour un sou. Elle gardait toujours en réserve, fournis par sa sœur, du bon fromage de l'abbaye de Timadeuc et des gâteaux à la confiture de lait dont un vieux moine avait le secret. Pierre raffolait des « Léontines » mais même la douceur des confiseries ne le faisait pas fléchir. Et Nicole pleurait de plus en plus souvent.

Voyant l'avenir compromis, Alain décida de se faire soldat et de s'enrôler sous la bannière de Jehan IV, duc de Bretagne. Il prit sa musette, la remplit d'une gourde de vin, d'un morceau de lard et de quelques tranches de champart, un pain de seigle, d'orge et de froment. Avant que le coq ne chante, il avait quitté le petit village de Saint-Gilles. En ce matin de printemps 1393, le soleil commençait à briller dans le ciel mais un vent glacial soufflait encore et mordait le visage du jeune fermier. Les premiers oiseaux gazouillaient et l'air était imprégné du parfum de la menthe sauvage. Alain prit un chemin qu'il connaissait bien, celui qui menait près de la rivière du Meu. Le sentier était bordé de peupliers et de saules, déjà les primevères jaunes et pourpres avaient éclos. Il suivait les méandres du cours d'eau, vers Iffendic. Il avait entendu dire que les soldats du duc de Bretagne étaient descendus la nuit dernière à l'auberge du Coq Hardi : il allait s'enrôler sous la bannière ducale.

Messire Olivier de Clisson, comte du Porhoët, était devenu connétable de France après la mort du fameux Bertrand du Guesclin. Malgré tout le crédit dont il jouissait auprès du roi Charles VI, il avait quitté précipitamment Paris et s'était retiré dans son château de Josselin. Depuis qu'il avait échappé au poignard assassin de Pierre de Craon, il craignait pour sa vie. Après cette vaine tentative, Pierre de Craon avait gagné lui aussi la Bretagne où le duc Jehan lui avait donné l'hospitalité. Charles VI avait sommé le duc de lui livrer l'assassin. Mais le duc, après avoir nié les tentatives de meurtre de son protégé, refusa tout net de livrer au roi de France celui dont la culpabilité avait pourtant été prouvée. L'allégeance prêtée par le souverain breton au roi de France en 1381 restait purement formelle. En prenant Pierre de Craon sous sa protection, Jehan IV s'affirmait en prince indépendant et ne céda pas au roi de France. L'orage royal passé, Pierre de Craon persuada Jehan IV de déclarer la guerre à Olivier de Clisson. Celui-ci n'eut le temps que de jeter une forte garnison dans Josselin qu'il laissa aux ordres de sa femme Marguerite de Rohan. Puis, il alla s'enfermer à Moncontour, une autre de ses forteresses. Désormais, il ne pouvait compter que sur lui-même car la cour de France était loin et en proie aux rivalités les plus diverses.

L'armée bretonne arriva donc à Josselin. La principale défense du château se composait d'une forte tour pouvant contenir une garnison d'une dizaine d'hommes. Le duc Jehan la fit cerner sur deux côtés, et c'est au cours du siège qu'Alain Békouan montra sa bravoure. Il n'hésita pas à lancer une échelle contre le rempart de Josselin, alors que ses compagnons d'armes étaient vivement repoussés. Son échelle avait basculé dans le vide et Alain s'était retrouvé précipité la tête la première dans les douves. On lui avait porté secours et c'est la bouche pleine de vase qu'il s'était entendu promouvoir sergent par le duc lui-même.

Au château de Josselin, on commençait à désespérer. On manda un messager à Olivier de Clisson : qu'il vienne au secours de Josselin ou qu'il traite avec le duc de Bretagne. Enfin Jehan de Montfort consentit à lever le siège, à condition que le comte du Porhoët lui rende hommage et qu'un traité soit signé. Les portes du château furent ouvertes devant lui et le sieur de Beaumanoir lui en remit les clefs.

Pendant que se déroulaient ces exploits guerriers, Nicole n'avait reçu aucune nouvelle d'Alain, depuis le petit matin où il avait quitté Saint-Gilles, sa musette jetée sur l'épaule. Alors, pour en savoir plus, elle décida de se rendre dans la vieille ville fortifiée que l'on appelait Mont-Fort depuis le temps des Romains.

Raoul Ier, seigneur de Gaël, qui avait reçu de Guillaume le Conquérant l'ancien royaume d'East Anglia, avait installé son fief à Montfort, dont il avait même pris le nom, en 1091. En 1376 son lointain descendant Raoul VII avait entrepris de restaurer le château de Montfort.

Les nouvelles fortifications entouraient un promontoire surmontant, le confluent du Garun et du Meu ; à l'est il était bordé par un vaste étang qu'alimentaient les deux cours d'eau. Seul le flanc nord était de plain-pied avec le pays environnant. Le château et ses enceintes s'élevaient à l'est, dominés par la tour imposante du donjon. Le faubourg Saint-Nicolas s'était développé sous la protection de la forteresse, tandis que les maisons du bourg s'étageaient gracieusement sur les pentes qui regardaient le midi. Des fortes et épaisses murailles flanquées de tours à mâchicoulis défendaient la basse ville. Garnies de herses et de pont-levis, les portes Saint-Jean, Saint-Nicolas, de Bréteil et de Coulon étaient disposées aux quatre coins cardinaux. Des trois côtés s'étendaient des doubles fossés très profonds, remplis d'eau.

Pour aller plus vite, Nicole était passée par les bois. Lorsqu'elle pénétra par la porte est, le soleil était au couchant et projetait son ombre sur le sentier ; en haut du rempart, quelques hommes arpentaient le chemin de ronde. Sous la porte surmontée d'un clocher, piétons, cavaliers et chariots se pressaient dans le passage sombre. La jeune fille se fraya un chemin et se retrouva enfin à l'intérieur des murs. Elle avait mis ce jour-là une des robes de travail de sa mère afin de ne pas attirer les regards sur elle. Ses beaux cheveux étaient roulés dans un carré d'étoffe, son chaperon reposait sur ses jolies épaules. Malgré la simplicité de sa mise, les gardes et marchands la suivaient d'un œil concupiscent. Les premières maisons de la ville se trouvaient à une petite distance, mais Nicole avait décidé de rendre visite à son oncle Loeiz, qui tenait une auberge relais. Nicole reconnut aussitôt la façade de torchis et colombages, et l'enseigne du Lyon de Bretagne. Elle espérait trouver chez lui des informations sur Alain ou, au moins, sur le corps de garnison auquel il appartenait. Elle pénétra dans la grande salle de l'auberge, fraîchement jonchée de paille. Son oncle l'accueillit chaleureusement et lui offrit une bolée de cidre. Comme la nuit était arrivée et que les portes de la ville étaient closes, il lui proposa de rester dormir là. Loeiz était un grand bonhomme sec, au visage osseux, dont le nez crochu penchait dangereusement vers la bouche. Bouche large, d'ailleurs, et bien aise aux bavardages. Bien sûr qu'il avait des nouvelles de la garnison du duc et même de son Alain. Lorsque Loeiz fit un récit complet avec force détails, de la prise de Josselin, les grands yeux noirs de Nicole scintillaient de mille étoiles et l'oncle aurait bien continué pendant des heures pour ce regard-là.

Au petit matin, Nicole sortit par la porte de Bréteil et, suivant les conseils de son oncle, prit un chemin détourné afin d'éviter les troupes du seigneur de Montfort. À mi-chemin, elle arriva à un croisement où se dressait un calvaire de granite constitué d'une simple croix pattée, le calvaire de la Blanche-Épine. Une légende racontait qu'autrefois une jeune fille avait été retrouvée morte au pied de la croix, et que personne n'avait pu l'identifier. À cette pensée Nicole frissonna et rabattit sur sa coiffe son chaperon brun. Elle entendit à ce moment-là des pas qui s'approchaient. C'était une quinzaine de soudards du sieur de Montfort. À la vue de la jeune fille, les hommes s'esclaffèrent. Ils eurent tôt fait de la cerner. Ils la narguaient, déclarant que les sentiers n'étaient pas faits pour les jolies filles seules, même les paysannes. Ils se saisirent d'elle mais, par peur des représailles de leur maître, ils se contentèrent de l'emmener au château de Raoul VII de Montfort.

Le seigneur de Montfort semait la crainte dans la région. C'était un homme grand et corpulent, qui aimait festoyer et buvait plus que de raison. Il avait été marié autrefois à une douce et belle jeune femme, Isabeau de Lohéac, dame de la Roche-Bernard. Au dire des gens de la ville, Raoul malmenait souvent son épouse. Un soir, après un grand festin, ils s'étaient querellés. Sous l'emprise du vin, le seigneur avait tiré sa dague et avait assené à la jeune femme un coup de pommeau au visage. La malheureuse était morte sous la violence du coup. Horrifié par le geste qu'il venait de commettre, Raoul avait fait disparaître le corps. L'avait-il fait porter dans le bois de Maël ? Ou l'avait-il fait disparaître par-dessus les remparts dans les douves du château ? La pauvre Nicole pensait à cette terrible histoire en passant la porte du lugubre donjon.

Pendant ce temps-là, Pierre et Annaïck s'étaient à leur tour mis en route pour Montfort afin de retrouver leur fille. À leur arrivée chez Loeiz, l'oncle de Nicole leur avait assuré qu'elle était partie au petit matin. Pierre et Annaïck décidèrent de parcourir la ville, espérant que leur fille avait flâné dans les rues de Montfort avant de reprendre le chemin de Saint-Gilles. La ville était si différente de leur petit village, et c'était toujours un choc de voir le tumulte des quartiers. Au-dessus de leurs têtes, les maisons semblaient escalader le ciel, chaque étage projeté en avant, engloutissant la lumière du jour. Le linge pendait aux fenêtres, les enseignes de bois peint s'agitaient au vent. Épaule contre épaule, la foule se pressait tandis qu'Annaïck et Pierre cherchaient désespérément leur fille dans la cohue. Ils tentaient de se frayer un passage entre les hommes, les marchandises et les animaux. Chiens et volailles couraient entre les jambes des commerçants. Un cavalier arriva soudain, fendant sans ménagement la foule. Lorsqu'il arriva à sa hauteur,

Pierre croisa le regard fiévreux de cet homme. Les badauds lui apprirent que c'était le seigneur Raoul de Monfort qui regagnait le château.

Nicole avait été jetée sans façon dans une salle au sommet du donjon. Vraisemblablement le lieu était déserté depuis longtemps. Les longues poutres de bois s'effritaient, menaçant de rompre à certains endroits. La pièce était meublée sobrement : un fauteuil, une crédence, un grand lit et au pied de celui-ci un coffre. Sur les tapisseries défraîchies, on pouvait çà et là distinguer des scènes de chasse. Au-dessus du lit trônait le grand portrait d'une jeune femme. Elle avait un corps mince et élancé, elle s'appuyait sur une console, de longues boucles noires cascadaient jusqu'à sa taille. Hélas son visage avait disparu, lacéré par des coups de lame qui avaient sauvagement entaillé la toile. Nicole frissonna, plus de peur que de froid.

Elle passa toute la journée enfermée dans la pièce, et les heures s'égrenèrent au son de la cloche de l'église Saint-Nicolas. Il faisait sombre maintenant ; à tâtons, dans l'obscurité, elle chercha une bougie, l'alluma et la posa sur la crédence. Elle avait froid, l'air était humide. Elle ouvrit le coffre à l'intérieur duquel elle trouva un magnifique vêtement. C'était une robe bordée de fourrure de vair au col et à l'ourlet de la traîne. Une large ceinture retenait la taille haute, le décolleté était profond et les manches ajustées. Nicole ôta les habits empruntés à sa mère et passa la somptueuse tenue sans aucun remords. Le temps semblait avoir joint l'éternité, Nicole s'assit sur le lit puis la fatigue aidant elle ne tarda pas à s'allonger et s'assoupit. Lorsque minuit sonna, la jeune fille se réveilla en sursaut, le visage et les mains moites malgré le froid de la salle. La bougie s'était éteinte, consumée. Son cœur battait fort dans sa poitrine. La solitude pesait sur elle comme une dépouille humide.

Nicole semblait prête à suffoquer, elle se redressa sur la couche et entendit dans le corridor un pas lourd et hésitant. Raoul de Montfort rentrait dans ses appartements, ivre une fois de plus. Il voulait rendre visite à sa nouvelle prisonnière. Combien de femmes avait-il serrées trop fort contre son corps depuis la mort de la pauvre Isabeau ? Il ne savait plus, elles avaient toutes fini étranglées et expédiées par-dessus le rempart dans les eaux du Meu. La démarche titubante, chancelante, il s'approchait inexorablement. Nicole voulait crier mais aucun son ne sortait de sa gorge. Ses yeux s'écarquillaient dans le noir de la chambre. Elle entendit la clenche céder et une chandelle vacillante apparut, accompagnée d'une ombre gigantesque. Elle n'eut pas le temps de voir l'expression du visage du seigneur de Montfort. Raoul, lui, découvrait dans son ancienne chambre nuptiale une vision de cauchemar. Étendue sur le lit se trouvait Isabeau. Raoul poussa une plainte lugubre, il croyait voir une revenante, le fantôme de sa femme. Cesserait-elle un jour de le tourmenter ? La porte claqua lourdement et le pas pesant du seigneur de Montfort s'éloigna. Nicole ne le savait pas mais avec sa haute taille, sa minceur, son fier port de tête, elle ressemblait incroyablement à la Dame de Lohéac.

Le lendemain matin, Nicole retrouva la liberté, un homme du seigneur la reconduisit sans égard à l'extérieur du château. Devant elle, une patrouille ouvrait la rue et les gardes défaisaient la lourde chaîne qu'ils avaient tendue comme chaque soir. Déjà les gens se pressaient auprès du rempart, et ne lui accordèrent aucun regard. Profitant de ce manque d'intérêt, Nicole précipita le pas le long du rempart et s'engouffra sous la porte de Bréteil. Elle sortit de la ville, au loin les cloches de Saint-Nicolas sonnaient six heures, la ville de Monfort s'éveillait.

Elle reprit le chemin qu'elle avait emprunté la veille pour rejoindre Saint-Gilles mais à hauteur du calvaire, elle vit toute une troupe de soldats revenant de maraude. Au comble du désespoir, elle s'adressa à des canes sauvages qui s'ébattaient dans la rivière près de là, elle les adjura, si elle trépassait, de remplir en son nom et pour sa personne un pèlerinage chaque année à saint Nicolas.

La fortune était avec elle, ce matin-là : le sergent qui l'avait conduite hors du château l'avait suivie de loin et il lui porta secours. Les soldats maugréèrent et s'éloignèrent.

Nicole accorda une prière reconnaissante aux canes et regagna son village. Arrivée devant la grande longère de ses parents, elle regarda par une des ouvertures de la bâtisse. Sa mère était assise au coin du feu, elle brodait tandis que son père bourrait sa pipe. Elle s'avança discrètement jusqu'au seuil, Annaïck et Pierre levèrent la tête en même temps et Nicole se précipita dans leur bras. Annaïck referma doucement la porte, les cris et les pleurs de joie n'en finissaient pas. Ils firent installer leur fille à la grande table et lui donnèrent un bon bol de lait chaud. Annaïck s'était assise sur un tabouret de bois auprès de sa fille et la couvait d'un regard empli de tendresse. Alors Nicole commença à raconter sa mésaventure. Elle évoqua son souhait d'avoir des nouvelles d'Alain, son départ pour la ville, sa visite chez son oncle Loeiz puis la mauvaise rencontre au calvaire de la Blanche-Épine… Monsieur Corhégal, qui fumait silencieusement la pipe, leva la main à ce moment-là : il ne souhaitait pas connaître la suite de l'histoire. L'important était qu'elle soit revenue saine et sauve.

Mais l'histoire de Nicole avait fait grand bruit dans le tout petit village de Saint-Gilles. Les commères, déjà prévenues contre la jeune fille, s'en étaient donné à cœur joie. Personne n'eut le courage ou la générosité de croire à son histoire. Peu à peu elle se renferma dans le silence. Elle n'osait même plus se rendre à l'office dominical ou visiter une amie.

Puis, quelques mois plus tard, Alain revint, magnifique dans son habit de sergent, et les retrouvailles au bord du Meu furent douces. À la grande surprise des amoureux, le père Corhégal consentit immédiatement au mariage et les familles en fixèrent la date au vingt-neuf septembre, jour de la Saint-Michel. Nicole avait l'impression de vivre un rêve, elle comptait fébrilement les jours d'août, tandis que sa mère s'affairait aux préparatifs de la noce. Les commérages allaient bon train car personne n'avait oublié la sombre histoire de Nicole. Comment avait-elle pu sortir du château de Raoul de Montfort ? Les jeunes filles précédentes avaient disparu et elle, on l'avait relâchée. Quel prix avait-elle donc payé au seigneur pour cette faveur ? Et il l'avait gardée une nuit entière dans la forteresse. Une nuit entière…

Alain sentait bien qu'on lui cachait quelque chose. Les Corhégal, malgré leur joie, restaient soucieux, distants. Alain savait que le père de Nicole ne l'aimait guère, mais Annaïck avait toujours été très avenante avec lui. Dans le village, les jeunes hommes de son âge le saluaient d'un sourire narquois, les commères échangeaient des regards complices. Le pauvre garçon finit par trouver l'atmosphère pesante, et pour changer d'air, décida de se rendre à la ville. Il proposa à Nicole de l'accompagner et de passer à l'auberge de son oncle Loeiz. Cette invitation ne fit pas l'effet escompté, et la jeune fille refusa tout net. Alain comprenait de moins en moins. Alain était maintenant sûr qu'on lui cachait quelque chose ; l'oncle Loeiz lui apprendrait ce qu'il cherchait à savoir.

À son arrivée en ville, comme il était encore tôt, Alain décida de s'octroyer une balade dans les rues de Montfort.

Il fut frappé de constater à quel point chaque quartier constituait une ville dans la ville. Il pensa à Nicole, qu'il avait toujours connue coquette et décida de lui rapporter un souvenir de cette journée, un mouchoir pour ses cheveux, ou les gants blancs qu'elle mettrait pour leurs noces. Un de ses vieux amis, Maître Aymon le gantier, tenait justement une échoppe à quelque distance de là, à l'enseigne du Gant de Velours. Aymon l'invita à entrer pour partager un verre de vin chaud. Alain raconta ses prouesses aux côtés du duc de Bretagne, dont il était terriblement fier, dit sa joie de posséder quelque argent, son bonheur d'être enfin accepté par les Corhégal. Justement, il aurait souhaité offrir une jolie paire de gants à sa fiancée. Le visage d'Aymon s'assombrit. Alain prit congé déclarant que Nicole viendrait choisir elle-même. Aymon hocha la tête silencieusement. Soudain Alain avait hâte de voir Loeiz. Lorsqu'il arriva au Lyon de Bretagne, l'oncle de Nicole le reçut en l'embrassant chaleureusement. Alain se sentit un peu réconforté et après quelques verres de vin, il se confia à Loeiz. Le village de Saint-Gilles, les habitants, sa famille, les Corhégal jusqu'à Nicole, tout avait changé. Il avait le sentiment qu'on ourdissait un complot contre lui. À mesure qu'il parlait, Loeiz paraissait de plus en plus mal à l'aise ; le regard fuyant, il tordait nerveusement son tablier, son nez semblait encore plus que d'habitude plonger vers sa bouche. À la fin, le vieil homme soupira, un silence très lourd s'établit puis il commença à conter à Alain, à voix basse, l'histoire de la pauvre Nicole. Le jeune homme aurait voulu s'enfuir, effacer les mots prononcés ; il pensait à sa fiancée, à la nuit, à Raoul de Montfort et à sa perversité. Il fermait les yeux, il luttait pour garder sa confiance en Nicole. En quelques instants, son avenir n'était plus que désespoir.

Sur le chemin qui le ramenait à Saint-Gilles, Alain retournait dans ses pensées l'ignominieuse histoire. Il comprenait maintenant les sourires narquois, les regards entendus ou fuyants des gens du village, l'air gêné de son ami Aymon. Il pensait avoir gagné la main de Nicole par ses actes de bravoure, mais il comprenait que Pierre Corhégal lui avait cédé sa fille parce qu'il la croyait déshonorée. Il se sentait humilié, plus encore que naguère, lorsque le père de Nicole le méprisait de n'être qu'un simple garçon de ferme. Le soir même, il rompit ses engagements. Il reprit sa musette et repartit vers Iffendic.

Nicole avait cru qu'avec le retour d'Alain le sort allait lui être à nouveau favorable. La douleur de la rupture lui fit presque perdre la raison. Ses parents tentèrent bien de la consoler mais la jeune fille ne pouvait plus les entendre. Elle prit l'habitude de se réfugier dans la forêt, trouvant quelque apaisement dans les enchantements de Brocéliande.

Un jour, elle déclara à sa mère qu'elle avait rendez-vous à la fontaine de Barenton. Craignant de la contrarier, ses parents la laissèrent s'en aller. À la nuit tombée, Nicole n'était pas revenue. Son père rassembla quelques hommes du village et, munis de torches, ils se rendirent à la clairière située au cœur de la forêt. La jeune fille était couchée, morte, dans l'eau de la fontaine. Dans ses mains, serrées contre son cœur, elle tenait la médaille que lui avait offerte Alain. Cette même nuit, Raoul donnait un grand banquet à Nantes. On présentait un seymé de veau pour le troisième service quand le seigneur de Monfort s'effondra, la tête dans son écuelle, sous le regard horrifié des convives. Son cœur avait soudain cessé de battre. À l'instant de son trépas, en s'écroulant sur la table, il avait, de sa main gauche, planté sa dague dans la table ; cette même dague dont il avait frappé à mort son épouse.

À Barenton, les hommes retirèrent le corps de la jeune fille de l'eau glacée. Ils le portèrent en silence jusqu'à la demeure des Corhégal. Les femmes lavèrent la jeune morte et Annaïck la para des beaux habits qu'elle aurait dû revêtir pour ses noces. Les femmes couvrirent les miroirs de linges et vidèrent les pots de lait et d'eau afin que l'âme ne s'y noie pas. Deux bougies furent placées au pied du lit mortuaire. Un sergent d'église portant une souquenille noire semée de larmes d'argent parcourut le village de Saint-Gilles en agitant une sonnette. Il demandait humblement aux gens de prier pour l'âme de Nicole Corhégal. Côte à côte, les Corhégal et les Békouan veillèrent le corps. À minuit, un repas fut servi pour tous ceux qui étaient venus prier avec eux.

Le recteur du village avait bien voulu croire que la jeune fille était tombée à l'eau par accident. Dès l'aube, la procession funèbre s'ébranla et, après l'office, Nicole Corhégal fut mise en terre. On disposa sur sa tombe une branche d'if et de genêt. Pendant trois mois, les amies de Nicole lui portèrent chaque semaine des guirlandes de fleurs. Une main inconnue grava une épitaphe sur la pierre tombale :

« Tant que dureront les beaux jours et tant que je vivrai,

je viendrai parfumer ta tombe des plus belles fleurs de l'été de la forêt

La primevère qui ressemblait tant à ton visage

La jacinthe bleue comme étaient tes veines

La feuille de l'églantier fleuri qui embaumait moins que ta suave haleine. »

L'année suivante, le neuvième jour de mai, pour l'anniversaire de la translation des reliques de saint Nicolas, un phénomène extraordinaire se produisit. On vit arriver à

Montfort une cane suivie de ses canetons marchant deux à deux comme à une procession ; ils traversèrent le bourg pour se rendre à l'église dédiée à saint Nicolas. Les oiseaux restèrent toute la nuit près de l'autel, et pendant la messe du lendemain, au moment de l'élévation, ils se tournèrent dévotement vers le sacraire. Puis vers midi, la cane rassembla ses canetons, en laissa un dans l'église, comme en offrande, et repartit dignement en direction du Meu. Était-ce un rappel de la promesse faite par la jeune fille à saint Nicolas ? Le prodige fut attesté jusqu'en 1739, assez renommé pour que la ville prît au XVIIe siècle le nom de Montfort-la-Cane-lez-Saint-Malo, et qu'au XIXe siècle François René de Chateaubriand en fît le récit. Une romance populaire chantait aussi la fille changée en cane par la protection divine : « Cane la belle est devenue/et s'envola par une grille/en un étang plein de lentilles… »

On raconte souvent une autre version, plus courte et moins dramatique, de l'histoire de la cane de Montfort.

Au temps de Charles V, un fait bien extraordinaire eut lieu dans la ville de Montfort. Le maître de la place forte était alors un seigneur anglais qui ne craignait ni la colère des hommes, ni celle de Dieu. Il résolut un jour de s'emparer par force de la plus jolie fille de la ville. La demoiselle eut beau tenter de se protéger, elle se retrouva emprisonnée dans le donjon. Alors qu'elle attendait en pleurant l'arrivée de son ravisseur, elle s'avisa que par l'étroite fenêtre de sa prison elle apercevait l'église Saint-Nicolas de l'autre côté de l'étang du château. Dans une fervente prière, elle supplia saint Nicolas d'intercéder pour elle. Sur l'étang barbotaient canes et canards sauvages.

Les oiseaux s'envolèrent lourdement de l'étang et, comme ils passaient devant la fenêtre du donjon, une cane en jaillit, qui se joignit au groupe. À cet instant la porte de la cellule s'ouvrit, et les gardes venus chercher la jeune fille qui plaisait tant à leur seigneur trouvèrent la pièce vide. Dans le ciel, le vol sauvage s'éloignait en cancanant.

MT

Le jardin des moines

« Mon oncle, je ne vous laisserai pas damner votre âme éternelle en devenant un mécréant. Chaque dimanche, tant que Dieu me prêtera vie, je viendrai vous supplier de cesser la vie de débauche qui est la vôtre, et de vous comporter en bon chrétien ! »

Pâle et résolu, le petit moine faisait front vaillamment. Vautré dans son fauteuil, le baron Gastern de Tréhorenteuc finit de vider son hanap de vin de Bourgogne, s'empara d'un gigot dans lequel il mordit à belles dents et, après quelques bouchées, releva les yeux et toisa le jeune homme qui osait le défier. Un grand rire secoua son énorme carcasse vêtue de cuir rouge :

« Moinillon, tu as de la chance d'être le dernier fils de ma chère sœur. Pour de telles paroles, tout autre que toi aurait déjà goûté du fouet de mon maître chien. Petit Jean, retourne vite dans les jupes de ton père abbé, et ne reviens plus m'importuner ; un jour je pourrais bien oublier nos liens de parenté.

— Je m'en vais, mon oncle. Mais vous ne pourrez m'empêcher de prier pour vous dans mon monastère de Saint-Méen.

— À ta guise, aussi longtemps que tes sornettes ne viendront pas blesser mes oreilles.

— Je ferai acte de bon chrétien. Ne ferez-vous pas de même ?

— Je ne suis pas un bon chrétien parce que je ne suis pas chrétien, tout simplement. »

Jean blêmit.

« Mon oncle, seriez-vous de ceux qui s'adonnent encore aux vieux cultes païens ? Honorez-vous le gui et les pierres levées ? Ou avez-vous voué votre âme au diable et rallié le camp des sorciers ?

— Ni païen, ni chrétien ! Aucun dieu ne peut se vanter d'avoir asservi Gastern de Tréhorenteuc. Les seuls dieux que j'honore sont ceux de la chasse, de la guerre, du plaisir, ceux qui me donnent de belles femmes et du vin plus que je n'en peux boire. Des autres, je n'ai nul besoin. Et du diable non plus, avec ses chaudrons et ses flammes. Maintenant, va-t'en, tu lasses ma patience. »

Jean s'en retourna à pied, à travers les landes que l'été avait fleuries, vers Saint-Méen où l'attendaient ses frères. Le long de la route, il interrogea des paysans, des enfants, un charretier, la tenancière d'une auberge. Tous lui confirmaient les rumeurs qu'il avait déjà entendues. Son oncle était le plus grand mécréant et le plus cruel seigneur dont on ait jamais parlé en Bretagne. Impie, féroce, ne lui importait que son propre plaisir, même au prix de la pire souffrance — celle des paysans accablés d'impôts, celle des biches poursuivies au fond des bois, celle des enfants affamés. Pour ne pas choquer le jeune moine, personne n'osa lui parler des jeunes filles enlevées, des femmes forcées. Le manoir de Tréhorenteuc était le rendez-vous de tous les bons à rien de la région. Ripailles et beuveries se succédaient, toujours aux frais du baron, lequel n'hésitait jamais à prélever sur les habitants de quoi garnir sa table, son cellier et son lit. Gastern s'était adjoint les services d'un intendant aussi brutal que lui, qui se faisait un plaisir de renchérir sur les ordres les plus cruels de son maître, mais nul chapelain, nul aumônier n'exerçait une influence bienfaisante auprès de lui : il les avait tous chassés.

Chaque semaine du printemps, puis de l'été, Jean, avec la foi de ses vingt ans, rendit visite à son oncle. Toujours en vain. Gastern n'entendait rien changer à son mode de vie ; ses terres et ses sujets souffraient et dépérissaient, mais il n'en avait cure. « Je saurai leur faire donner tout ce dont j'ai besoin. La peur fait faire des merveilles », avait-il pris l'habitude de répondre à ceux, peu nombreux, qui essayaient de le pousser à une conduite plus honorable.

La belle saison, inhabituellement chaude et venteuse, dessécha la lande et la forêt. Les villageois et les paysans de Tréhorenteuc apprirent une nouvelle angoisse, celle de l'incendie, car Gastern et ses compagnons n'hésitaient pas à allumer des brasiers dans la nuit, pour y danser avec des filles de peu, ou pour rôtir le gibier pris dans la journée. Le retour de l'automne, avec ses pluies, apporta un peu de répit, mais augmenta la mauvaise humeur du baron. Ses amis de la ville étaient moins fervents à le rejoindre dans sa campagne boueuse. Pour les attirer, il décida de donner une grande chasse à la Toussaint.

Jean avait continué à venir voir son oncle chaque semaine. Gastern supportaient les leçons de morale du jeune moine, uniquement, affirmait-il, parce qu'il était de sa parentèle. Le supérieur de Jean trouvait, pour sa part, que le scandale avait assez duré. Quelle leçon pouvons-nous donner aux gens de ce pays quand leur seigneur nous méprise si ouvertement ? Il décida donc d'envoyer son aumônier à Tréhorenteuc. La visite ne fut pas du goût de Gastern. Toute sa patience (peu de chose en vérité), il l'avait usée au profit de son neveu. Ce moine s'était risqué sur ses terres, il allait se repentir de son audace.

Le religieux fut jeté dans la geôle du château, et Gastern fit tenir un message à l'abbé de Saint-Méen : « Le moine que vous m'avez mandé est mon prisonnier, et le restera tant que l'abbaye ne m'aura pas livré une rançon de cinquante pièces d'or. Je veux aussi que me soient donnés ceux des bois de l'abbaye qui bordent mes terres sur une longueur de quatre lieues. Ne me faites pas attendre trop longtemps votre accord, car vous risqueriez de ne jamais revoir votre précieux frère. En attendant, priez bien pour lui, il en aura besoin. »

Un moine otage du baron de Tréhorenteuc : cette fois-ci son impiété dépassait les bornes. La colère de Dieu allait être terrible. Le supérieur de Saint-Méen décida d'en référer à l'évêque et au duc de Bretagne. Jean connaissait l'impatience de son oncle. Le temps de faire porter les messages, d'attendre les réponses, enfin de passer à l'action, que serait-il advenu du prisonnier ? La veille de la Toussaint, le jeune homme partit une fois encore pour Tréhorenteuc.

Le baron Gastern fut intraitable. Il ne libérerait le moine qui si on lui accordait satisfaction. La discussion dura longtemps, et Jean crut plus d'une fois que son oncle allait l'envoyer rejoindre le prisonnier. Gastern mit fin à la discussion en lui lançant un ultime défi : « Que l'Église ne se mêle pas de mes affaires, je ne me mêlerai plus des siennes. Je vis selon mon plaisir, et rien d'autre ne compte. Demain, quand vous serez tous agenouillés comme des femmelettes, plongés dans vos prières de Toussaint, je partirai sur la lande avec mes amis, mes chevaux et mes chiens, et je chasserai tout le jour. »

Le matin de la Toussaint, les villageois qui se rendaient à la messe croisèrent la chasse de leur seigneur qui traversait Tréhorenteuc au galop. Une vingtaine de cavaliers, une meute de plus de quarante chiens, les valets, et en tête de tout cet équipage, sur un grand cheval couleur de feu, Gastern lui-même, vêtu de rouge sang de la tête aux pieds. La troupe passa dans un bruit de tonnerre : les bonnes gens n'eurent que le temps de s'écarter pour éviter d'être piétinés. On entendit longtemps, sur les crêtes, les hurlements des chasseurs et les aboiements des chiens. Puis la messe commença.

Toute la journée, les chasseurs menèrent un train d'enfer. À l'heure des vêpres, la foule, qui se pressait plus nombreuse encore que le matin, était étrangement silencieuse. Le ciel s'obscurcissait rapidement, des nuages noirs cernaient l'horizon. Les longs rayons du pâle soleil accentuaient le sentiment de malaise. Pendant que les premiers villageois s'engouffraient dans l'église, le tonnerre se mit à rouler, suivi de violents éclairs. La voix du prêtre et les chants des fidèles couvraient à peine l'orage qui grondait de plus en plus fort. D'énormes gouttes d'eau fouettaient les verrières, le vent sifflait comme un fou. Dans les rares instants de silence, on entendit la chasse qui revenait vers le village.

Au moment où le prêtre se préparait à entonner son dernier chant, le tonnerre se déchaîna, si fort et si longtemps que tous crurent leur dernière heure venue. Un coup de vent furieux ouvrit la porte de l'église et souffla tous les cierges. Un immense arbre de feu se découpa sur le ciel noir. Le tonnerre redoubla, le vent semblait vouloir arracher le clocher. Puis, en un instant, tout se calma.

Dans le silence revenu, on entendit la voix du prêtre remercier Dieu d'avoir sauvé ses enfants de la fureur de l'enfer. On ralluma les bougies, et des voix chevrotantes se mêlèrent en un ultime cantique.

Les villageois sortirent de l'église : Tréhorenteuc était silencieux et obscur, nulle lumière ne brillait aux fenêtres du château. En silence, les hommes se dirigèrent vers la demeure de leur seigneur. Les salles étaient vides, aussi vides que les écuries et les chenils. Ni les hommes ni les chiens n'étaient rentrés de la chasse. Tout le monde avait pourtant entendu l'équipage revenir. Fallait-il aller à la recherche des veneurs ? Traverser la lande pendant la nuit où errent les esprits des morts ? Personne n'avait envie de s'y risquer. Ils avaient assisté à deux messes, s'étaient confessés et avaient communié, mais les fantômes sont si nombreux cette nuit-là, et ils recherchent de la compagnie, de la chaleur… Le curé les houspilla : « Mauvais chrétiens, deux fois mécréants, vous ne croyez pas à la protection divine et vous oubliez votre devoir de charité. » L'idée de devoir la charité à Gastern et à ses amis ne les avait pas effleurés. Peu à peu, quelques-uns se décidèrent. Il fallait en avoir le cœur net : rien ne bougeait dans la lande, la nuit était vide de toute présence, et l'orage s'était éloigné.

Ils s'armèrent de faux, de bâtons, de couteaux. Pauvre armée hétéroclite, éclairée de tout ce qu'ils avaient pu trouver comme torches, lampes, lanternes, ils commencèrent à gravir la colline vers la Butte aux Tombes, là où, de l'avis général, on avait entendu les derniers sons de trompe. Ils marchaient à pas prudent, bien serrés les uns contre les autres, la tête baissée, sans un mot, sans un rire. Le chemin leur parut interminable, avant d'arriver au replat qui annonçait le haut de la colline. Lavée par la pluie, la lande brillait sous la lune. Pas un cavalier ne se profilait à l'horizon. Ils firent encore quelques pas, dépassèrent un bosquet de bouleaux.

Devant eux, au milieu des ajoncs, des pierres se pressaient les unes contre les autres en un rectangle parfait, certaines rouge sombre, d'autres blanches. Des pierres que personne n'avait vues là auparavant. Des pierres soudainement apparues pendant l'orage ? Une légère brume flottait encore au milieu d'elles, comme une haleine venue de l'au-delà. Ils crurent entendre des soupirs, des sanglots étouffés peut-être. Soudain ils comprirent le mystère des pierres : Gastern et ses chasseurs se dressaient devant eux, pétrifiés par la colère de Dieu.

La tête haute, ils redescendirent lentement vers le manoir où Jean avait prié tout le jour pour le salut de son oncle.

CG

LES HABITANTS DE LA FORÊT

Le meunier de Trompe-Souris

Dans les villes comme dans les campagnes, les meuniers étaient gens fort enviés. Le travail leur arrivait tout seul, presque sans peine, du moins était-ce ainsi qu'en jugeait le commun du peuple. Nul besoin, pour le meunier, de s'échiner à labourer la terre, point de bêtes à nourrir pour tirer la charrue. Il ne semait pas jusqu'à la nuit quand le temps devenait enfin favorable, et les grandes pluies ou les gelées précoces ou tardives ne le laissaient pas dépouillé du fruit de ses efforts. Ce n'est pas lui qui se cassait le dos sur l'aire à battre pour arracher les grains aux épis moissonnés, puisqu'il ne moissonnait pas. Il lui suffisait de laisser venir vers son moulin les charrettes chargées du fruit du labeur des autres et de les vider sous sa meule : le vent ou le ruisseau travaillaient pour lui. Son salaire prenait la forme de pièces d'or ou de sa part de la farine fine qu'il venait de moudre. L'intérieur du moulin était toujours clair, poudré de froment — pas comme les sombres fermes où vivaient les paysans. Les filles se battaient presque pour devenir meunière, assurées qu'elles étaient de ne manquer de rien et de pouvoir parader dans de beaux vêtements. Sans oublier le plaisir d'une petite renommée locale : dans un village, il n'y avait qu'une meunière et tellement de fermières. Certains, mécontents de cet état de fait, ne se privaient pas de murmurer : autant de gains pour si peu d'effort, est-ce bien normal ? Et que dire de cette habitude de domestiquer le vent et l'eau ? Tout cela ne sent-il pas un peu la diablerie ? Il n'empêche que meuniers et meunières vivaient généralement heureux de leur sort.

Généralement. Car en Brocéliande, il était un malheureux meunier. Son moulin, déjà vieux, bâti de schiste pourpre et de quartz blanc, couronné d'ardoise fine, s'élevait au bord de la grande clairière de Telhouët, pas très loin de l'ancienne abbaye des dames. Quand il avait repris l'affaire, quelques années auparavant, il avait remarqué que les murs et le toit du moulin avaient besoin de réparations. Il manquait ici et là quelques pierres, les portes ne joignaient pas tout à fait. Peu importe, avait-il pensé, j'aurai rapidement gagné de quoi remettre tout cela à neuf. Il avait compté sans les souris. Un peuple entier de rongeurs avait pris ses aises au moulin, du temps de l'ancien meunier. Son grand âge et sa vue affaiblie l'avaient empêché de chasser cette trottinante population.

Aussi, à chaque cargaison de grains qui arrivait au moulin, les petites créatures grises s'affairaient-elles si bien que le pauvre meunier arrivait à peine à moudre ce qu'il devait à son client, sans jamais pouvoir prélever la part qui lui était due. Bien heureux quand il ne devait pas parfois ajouter de sa propre bourse quelques piécettes pour compenser ce que les bestioles avaient goulûment avalé. Il avait tenté de lutter par chat interposé. Quelques-uns des matous avaient fui devant l'ampleur de la tâche. D'autres s'étaient efforcés d'accomplir leur mission, mais après avoir croqué trois ou quatre souris, ils s'effondraient, le ventre rond, et dormaient comme des bienheureux. Certains avaient démissionné, sous prétexte que la nourriture n'était pas assez variée : de la souris de grain à tous les repas, non !

Bref, les souris prospéraient, le moulin périclitait, le meunier dépérissait. Il se désolait d'autant plus qu'il soupirait pour la blonde Jeanne-Marie, sa voisine. La belle lui avait promis de lui accorder sa main dès qu'il serait capable de la faire vivre décemment, elle et les enfants qu'elle comptait bien lui donner.

Un lundi de septembre, des tâcherons déchargèrent trois charrettes de pierres, de sable, de planches dans la cour du moulin. Les jours suivants, le meunier s'agita comme un beau diable : il montait des pierres, clouait, maçonnait. Peu à peu le moulin prenait une allure moins pitoyable. À la fin de la semaine, les murs ne présentaient plus aucun trou, les portes fermaient hermétiquement, le toit ne laissait plus passer la pluie. Le dimanche matin, le meunier balaya sa cour, rangea méticuleusement ses outils, puis s'en alla, l'air fort satisfait.

Le lundi à la première heure, une livraison de plus de trente sacs d'un beau blé doré arriva au moulin. La nouvelle d'une telle aubaine se propagea immédiatement chez les trotte-menu qui avaient déserté le moulin le temps des travaux. Il en arrivait de tous les coins de la forêt, en rangs serrés. Elles traversaient la cour de toute la vitesse de leurs petites pattes, sous l'œil indifférent du meunier. Lui déchargeait méthodiquement ses sacs et les empilait au rez-de-chaussée du moulin. Quand la carriole fut vide et que la dernière souris se fût engouffrée dans le moulin, le jeune homme sortit une grosse clé de sa poche et ferma soigneusement la porte. Puis il s'assura que toutes les autres issues étaient bien closes et quitta son domaine, en sifflotant gaiement.

À l'intérieur du moulin, les souris avaient entamé leur festin. On n'entendait que des soupirs d'aise, quand soudain un couinement de dépit s'éleva, suivi de cent, de mille autres. Sous une mince couche de grains, les beaux sacs étaient pleins de pierres. Les souris se précipitèrent vers les murs, et découvrirent que les trous par où elles avaient l'habitude de s'enfuir avaient été bouchés par des pierres neuves, soigneusement scellées. Elles eurent beau gratter, s'acharner des pattes et des dents, elles demeurèrent prisonnières, sans rien à se mettre sous la dent.

Tout était silencieux quand le meunier revint, huit jours plus tard. Le jeune homme prit un grand balai dans sa cabane à outils, ouvrit la porte du moulin et commença calmement à balayer des milliers de petits corps gris.

Les souris de Brocéliande avaient compris la leçon. Aucune d'entre elles ne se risqua plus dans les parages. Le moulin y gagna le nom de Trompe-Souris et le meunier la main de la blonde Jeanne-Marie. Leurs affaires prospérèrent bien vite. Le meunier moulait le froment, et la meunière se mit à élever de beaux poulets de grain qu'elle revendit fort cher sur les marchés des environs.

CG

Le taureau bleu

La petite Isole vivait dans la ferme de son père, entre Mauron et Saint-Léry. Elle avait un peu plus de cinq ans lorsque sa mère avait disparu. Incapable de faire face à la solitude, au souci de la ferme, au soin de veiller sur la fillette, son père avait fini par se remarier. Choix malencontreux car la nouvelle épousée, une assez jolie femme, ne brillait ni par son courage, ni par sa tendresse. Au lendemain du mariage, elle avait décidé que sa petite belle-fille devait se mettre entièrement à son service : travaux domestiques ou soins des bêtes, rien n'était épargné à Isole. Malgré tous ses efforts, des cris ou des coups étaient son unique récompense. Seule la nourriture lui était distribuée avec parcimonie. Pain sec, pommes de terre sans beurre, rarement de la viande, jamais la moindre crêpe, pas le plus petit gâteau. Le père d'Isole se doutait bien de la situation, mais il était si fatigué par les travaux des champs qu'il élevait rarement la voix pour défendre la petite face à sa virago d'épouse.

Heureusement qu'Isole avait le réconfort du plus sûr des amis, un magnifique taureau bleu. Bleu. Non pas noir avec des reflets bleutés, comme les chevelures indiennes, plutôt d'un bleu profond comme la mer au large. Un taureau très fort et très âgé qui parlait à l'enfant, et à elle seule. Lorsque la fatigue et la faim lui serraient la gorge et lui faisaient venir les larmes aux yeux, Isole se réfugiait à l'étable. Le taureau lui murmurait doucement : « Ne pleure pas, regarde plutôt dans mon oreille. » Et la petite découvrait, au creux des douces oreilles de son ami, de quoi apaiser son appétit, de la bonne nourriture avec toujours quelques sucreries en plus.

Un triste matin, la petite fille entendit sa belle-mère se plaindre du taureau. « Débarrasse-moi au plus vite de cette vieille carne, ordonna-t-elle à son mari, tue-le dès demain, il ne sert à rien qu'à brouter du fourrage qui nourrirait mieux une bonne vache laitière. » Affolée, en larmes, Isole courut à l'étable annoncer la terrible nouvelle à son ami. Celui-ci ne parut pas étonné. « Ne pleure pas, dit-il à Isole, je m'y attendais. Je sais depuis longtemps qu'elle me déteste ; crois-moi, je ne vais pas me laisser sacrifier. Fais-moi sortir de l'étable discrètement, et emmène-moi avec toi quand tu conduiras le troupeau aux champs comme chaque jour. Nous laisserons les vaches dans la pâture et nous nous enfuirons tous les deux. » Quelques heures plus tard, Isole et le taureau partaient côte à côte vers Brocéliande qui se dessinait à l'horizon, longue colline aux flancs arrondis. Isole n'avait jamais eu le temps d'aller se promener dans la forêt, dont on lui avait raconté mille merveilles, mais elle s'en allait confiante puisque son taureau bleu l'escortait.

Ils cheminèrent plusieurs heures par les chemins creux, entre les champs bien peignés. Enfin le sentier se fit plus sauvage et, au milieu des chênes et des houx, ils virent devant eux l'orée des bois. Le jour s'achevait et Isole était affamée : l'oreille du taureau lui livra de grandes tartines beurrées qu'elle mangea tranquillement pendant que l'animal paissait de la belle herbe fraîche, toute parfumée de menthe.

Le taureau releva la tête et parla à Isole : « Ton père doit nous chercher. Il va nous falloir traverser la forêt dans la nuit. Demain, tu essaieras de trouver une ferme où l'on t'accueillera. Moi je resterai dans les bois. Mais attention, traverser Brocéliande la nuit est une difficile épreuve. Les plus étranges enchantements de la forêt, et ses plus extrêmes périls, se réveillent la nuit. À partir de maintenant, tu vas m'obéir sans discuter. Monte sur mon dos et, quoi qu'il arrive, reste accrochée à mon cou. Ne dis pas un mot, ne touche à rien, et je te conduirai à bon port. »

Isole grimpa sur le dos de son ami, se coucha sur son encolure, et entra dans la forêt, bercée par le pas régulier du grand animal.

Ils marchaient depuis quelques minutes à peine lorsque Isole releva la tête, alertée par un silence total. Devant eux, elle crut voir la forêt s'enflammer : le soleil couchant allumait mille feux sur les arbres parés de feuilles de cuivre. La petite cria de joie. Aussiôt le taureau la mit en garde : « Rappelle-toi que tu ne dois toucher à rien et surtout ne cueillir aucune feuille. » La fillette se contenta d'admirer les lueurs rouges et tous les reflets des feuillages, écouta le vent qui faisait résonner le métal, et ils sortirent sans encombre du bosquet aux feuilles de cuivre.

Ils cheminaient depuis longtemps, et la nuit était tombée. Isole commençait à ressentir une grande fatigue. La forêt autour d'eux se faisait de plus en plus profonde : par chance la lune brillait, bien ronde dans le ciel.

Soudain tout se mit à scintiller : aux arbres, pendaient des milliers de feuilles d'argent. « Ne touche aucune de ces feuilles, répéta le taureau, ne cherche pas à en cueillir une, un grand malheur en adviendrait. » La petite voulait obéir à son ami, mais fascinée par le spectacle, elle ne put résister à l'envie de tendre le bras, oh, juste un tout petit peu. Sa main effleura une des feuilles. Immédiatement, d'énormes araignées velues, de gros scorpions et toutes sortes d'insectes maléfiques jaillirent du sous-bois. Le sol en était noir. Tout cela grouillait, crissait, cernait le vieil animal et sa petite cavalière. Le taureau fit face, et commença à piétiner ses assaillants. Les carapaces des énormes scarabées aux pinces dressées craquaient sous ses sabots, les pattes des araignées s'agitaient convulsivement, les scorpions redressaient leur queue, prêts à porter une piqûre mortelle. Imperturbable, le taureau continuait à les écraser, se gardant tant qu'il le pouvait de leurs atteintes. Terrifiée, muette de terreur, Isole se cramponnait à son cou. Enfin, le dernier insecte réduit en bouillie, le taureau haletant s'accorda un peu de repos. Lorsqu'il reprit sa route, il tremblait encore de fatigue.

Le milieu de la nuit était largement dépassé quand ils atteignirent une vallée profonde. Ils crurent que le soleil s'y était réfugié : les feuilles d'or dont les arbres étaient couverts étincelaient avec tant de couleur et de chaleur qu'Isole n'entendit même pas le taureau la mettre à nouveau en garde. Sa main s'était déjà refermée sur une feuille. Aussitôt retentirent de toutes parts de terrifiants rugissements : quatre lions furieux jaillirent des taillis. Le taureau leur fit face, tête baissée. L'un après l'autre, puis tous ensemble, les fauves l'attaquèrent, luttèrent âprement contre lui, des dents et des griffes : le taureau ne cédait pas. À la fin, ils durent s'incliner. Mais lorsque le dernier lion retomba sur le sol, transpercé d'un coup de corne, le taureau bleu s'effondra à côté de lui. Son sang coulait à flots de larges blessures. « Je vais mourir, tu sais », murmura-t-il à Isole. Malgré les larmes et les protestations de la petite, il continua : « Tu vas marcher tout droit. L'orée de la forêt n'est pas loin. Tu verras devant toi une jolie ferme. Les vieilles gens qui y habitent t'aideront, car ils ont bon cœur. Reviens demain avec eux et bâtis-moi un tombeau de pierres bleues. Plus tard, chaque fois que tu auras besoin de moi, viens auprès de cette tombe. De là où je serai, je t'aiderai encore. Maintenant, va… » Il reposa la tête sur les rochers, et à la première lueur du jour il mourut doucement. Isole, en larmes, abandonna le corps de son ami. Comme l'avait prédit le taureau, elle trouva la ferme à la sortie de la forêt, un vieux couple amical l'y accueillit et l'aida à ensevelir son ami. Elle s'installa chez eux, et ils l'adoptèrent, comme la petite-fille qu'ils avaient longtemps espérée.

Tous les soirs de sa vie, Isole vint s'asseoir près de la tombe de pierres bleues, pour parler à son taureau. Elle lui racontait ses journées, ses joies et ses plaisirs. Ses soucis également, mais l'ombre du taureau bleu la protégea toujours, et jamais elle ne manqua de rien. Dans son extrême vieillesse, quand elle sentit que le moment de quitter le monde approchait, elle demanda à être ensevelie sous les pierres bleues, près du taureau.

Il est des gens en Brocéliande qui ont vu, certaines nuits, marcher côte à côte l'ombre d'un grand taureau bleu et celle d'une petite fille confiante. Ils semblent les meilleurs amis du monde et se parlent à voix basse, mais nul n'entend leur langage.

CG

La bûche d'or

À la mort de leurs parents, trois frères avaient repris le travail de charbonnier de leur père et sa loge dans les bois. Mais si les deux aînés étaient de beaux garçons grands et musclés qui abattaient chaque jour le travail de plusieurs ouvriers, leur cadet restait malingre, souffreteux, et ne participait que bien peu au travail commun. Les repas, l'entretien des vêtements, de menus travaux de surveillance, voilà ce dont il était capable. Malgré tout ses frères lui vouaient une grande affection et les affaires du trio n'allaient pas trop mal, à condition de travailler d'arrache-pied tous les jours de la semaine, et d'accepter comme unique distraction d'aller vendre le charbon au marché.

Après quelques années de cette vie de labeur, les deux aînés songèrent à prendre femme. Le benjamin avait encore le temps. Qu'il grandisse un peu avant d'espérer que les filles lui prêtent attention. Chaque samedi, à tour de rôle, les deux jeunes gens prirent l'habitude de faire une toilette soignée, se récurant le visage et les mains à la brosse en chiendent pour ôter toute la suie qui les encrassait, de revêtir les habits propres préparés par le plus jeune, et de partir à l'un ou l'autre des bals ou des veillées qui se tenaient dans le pays. Lorsqu'ils rentraient, au petit matin, ils étaient épuisés par une longue route à pied autant que par les innombrables bolées vidées avec la jeunesse du pays, ou par les danses où ils avaient pu serrer de près les filles qui leur plaisaient. Leur cadet essayait de leur soutirer quelques récits, une ou deux anecdotes savoureuses, une plaisanterie, mais les garçons étaient plutôt taciturnes — des taiseux, disait-on d'eux — et le petit en était réduit à imaginer les fêtes de villages qui, dans sa tête, se paraient des splendeurs de Versailles et du Palais-Royal réunis.

Au beau milieu de l'été, on annonça le grand événement mondain qui allait tourner la tête à toute la population de Brocéliande. Le marquis d'Andigné allait marier le même jour, à de fort beaux partis, son fils et sa fille. Tous les jeunes gens du même âge que les mariés étaient conviés au bal, sans distinction d'origine ou de métier. Les nobles danseraient dans les salons, les bourgeois sous des tentes de toile peinte, les paysans sur les pelouses ; mais même ces derniers auraient du vin et du cidre à volonté, des tourtes, des terrines et des tartes, et une belle pièce d'argent pour finir la soirée…

Les deux aînés faisaient partie des heureux élus. Mais le travail n'attendait pas : une grosse commande les obligeait à faire une fouée la nuit des noces seigneuriales. Ils la préparèrent avec soin, et quand le feu y eut été convenablement mis, que tout leur sembla bien normal, ils chargèrent leur jeune frère de veiller sur leur ouvrage. Celui-ci jura ses grands dieux qu'il ne dormirait pas de toute la nuit, qu'il ferait attention à ce que le feu ne brûle pas trop fort ou ne s'éteigne pas, ruinant ainsi plusieurs cordes de bon bois abattu à grand-peine. Tout endimanchés, les deux aînés s'en allèrent.

Le petit n'était pas fâché d'avoir enfin l'occasion de montrer qu'il était capable de faire sa part du travail. Car si ses frères l'épargnaient, les autres charbonniers ne se gênaient pas pour le traiter de bon à rien. S'il réussissait cette fouée, voilà qui leur clouerait le bec. Bien plus, s'il prouvait qu'il était capable de rester éveillé toute une nuit, peut-être ses frères le laisseraient-il aller le samedi soir à l'auberge ou au bal. Au bal ! Il s'y voyait déjà, vêtu de manière élégante, bien coiffé, parfumé, les demoiselles se pressaient à son bras, les servantes déposaient devant lui de grandes cruches de cidre mousseux, et des galettes dorées. Tout à son rêve de vie luxueuse et de paradis gourmand, il ne se sentit pas glisser dans le sommeil. Il se réveilla en sursaut au bout de quelques instants. Quel rêve délicieux : il avait encore le bon goût du beurre et de la pomme sur les lèvres. Il vérifia attentivement sa fouée : tout allait bien. La lune, haute dans le ciel, lui confirma qu'on approchait de minuit. Ses paupières piquaient, sa tête tombait sur sa poitrine. Alors il se força à marcher en imaginant ses frères et la fête de mariage dont tout le pays allait parler pendant des mois. Il entendait à moitié les violons, il voyait les jambons tranchés, les terrines, les tartes larges comme des roues, une jolie fille vint lui parler, il la prit par la taille pour entrer dans la danse, mais il fit un faux pas, trébucha dans la robe de sa cavalière, tomba lourdement, et reprit conscience étendu sur le sol devant la fouée éteinte.

Il crut un instant que son cœur allait cesser de battre. Il eût préféré être étendu raide mort que d'avoir à affronter la colère de ses frères. La première fois qu'on lui demandait un travail d'homme, il s'endormait comme un nourrisson ! Incapable, il n'était qu'un incapable et ne méritait même pas la nourriture que ses frères lui donnaient. Jamais plus il n'oserait croiser le regard des voisins ; le mieux qu'il avait à faire, c'était de prendre son baluchon et de filer. Ou de se jeter tout de suite dans le premier étang. Ou d'aller se perdre dans la forêt pour y attendre l'hiver et les loups affamés.

Au milieu de tant de noires pensées, il lui revint une lueur de bon sens. La fouée n'était pas éteinte depuis bien longtemps ; peut-être, avec quelque habileté, pourrait-il la rallumer. Oui, mais avec quoi ? Ses frères avaient caché le briquet et l'étoupe avec lesquels ils allumaient les feux. Les autres cabanes de charbonniers étaient vides, leurs occupants partis à l'auberge ou au bal.

Alors qu'il se demandait avec désespoir comment se sortir de ce mauvais pas, il aperçut une vive clarté au plus profond de la forêt. Il reconnaissait à peu près la direction : un feu brûlait du côté de la grande clairière, de la Crézée de Trécélien. Depuis sa petite enfance, il avait entendu parler de faits étranges advenus auprès de la Crézée. Les esprits des bois venaient encore y danser autour des bûchers, à la pleine lune et vers la Saint-Jean. On pouvait voir des nymphes justes vêtues de leur chevelure et d'un peu de lierre, des dryades sorties des arbres, avec leur peau vert pâle et leur longue chevelure de feuilles. Des créatures plus sombres hantaient parfois les sous-bois, mais n'approchaient pas de la lumière. Les korrigans et les poulpiquets menaient la danse, jouant d'infernales gavottes sur leurs violons. Il y avait du péril à les épier, la chose était connue. S'ils surprenaient un humain, ils l'entraînaient dans leur ronde et on le ramassait mort d'épuisement au petit matin. Si les fées le trouvaient à leur goût, il ne reparaissait jamais. Plus jamais. Le pauvre petit charbonnier se mit à trembler lorsqu'il se rappela qu'on était à deux jours de la Saint-Jean et que la lune était pleine. Mais il est vrai qu'une peur chasse l'autre : entre la crainte bien réelle de ses frères et les radotages des vieux, son choix était fait. Il était tellement soulagé d'avoir trouvé un feu qu'il en oublia sa crainte de la nuit, de la forêt, des ombres qui rôdent et des bruits inconnus. Il prit un grand pot de terre, une pique et des pincettes dans l'espoir que ceux qui avaient allumé un si beau brasier accepteraient de lui donner quelques tisons, des grandes braises brûlantes pour relancer sa fouée.

Il parcourait les sous-bois à belles enjambées, se rapprochant rapidement du feu. Les flammes dansaient, craquaient, lançant haut dans la nuit des gerbes d'étincelles. Il commençait à entendre des airs de danse, quand trois belles jeunes filles, à peine aussi grandes que lui et drapées dans leur interminable chevelure sortirent d'un bosquet.

« Qu'il est mignon », dit la première.

« Qu'il est petit », ajouta la deuxième.

« Juste à notre taille », répliqua la troisième.

« Quel drôle de bruit il fait », reprit la première.

« Il claque des dents », répondit la deuxième.

« Ce n'est pas une très jolie musique », se moqua la troisième.

Puis elles le prirent par la main et l'entraînèrent en courant jusqu'au milieu de la clairière. Des rires, des moqueries, des cris furieux l'accueillirent. Les dames des arbres riaient de lui, une jument grise aux yeux rouges hennissait furieusement, les oreilles rabattues. Les korrigans, furieux, réclamaient vengeance en piaillant à qui mieux mieux d'une voix grinçante, les poulpiquets cabriolaient autour de lui,

lui pinçaient les mollets et lui tiraient les cheveux en faisant mille grimaces.

« Silence », tonna une énorme voix.

Tous les êtres de la forêt se calmèrent.

« Silence, laissez-le tranquille, répéta la grande voix.

— Mais il nous dérange, clamèrent les petits êtres.

— Il a passé la frontière de notre pays, il doit être puni, braillèrent les lutins.

— Assez hurlé, vous tous. Vous me fatiguez. Il est jeune, il a eu le courage de traverser la nuit, laissez-le s'expliquer. » La voix tomba comme une douche froide sur les furieux.

« Oui, majesté, répondirent avec beaucoup d'humilité les nymphes, soudain calmées.

— Comme vous le voudrez, sire », répliquèrent, avec un rien d'obséquiosité, les korrigans musiciens.

Les poulpiquets ne dirent rien, mais se glissèrent discrètement dans un coin sombre, histoire de se faire oublier.

« Allons, minuscule mortel, n'aie pas de crainte. Personne ne dira que le Roi des chênes a laissé condamner un innocent. »

Le Roi des chênes ? À ces mots, le petit charbonnier leva la tête. Au-dessus de lui, dissimulant la moitié du ciel nocturne, s'étalait la ramure d'un gigantesque chêne. Les racines, le tronc, les branches, tout était démesuré et splendide dans cet arbre qui se penchait vers lui.

Un peu rassuré, le garçon commença son récit. Sans doute sut-il y mettre tout son désarroi et ses craintes, toute sa sincérité aussi, car le Roi des chênes lui ordonna :

« Pique dans ce feu tout ce qui t'est nécessaire, et pars vite rallumer ta fouée. Ne te retourne pas, ne reviens pas me déranger : je veux passer le reste de la nuit ici tranquille, à me chauffer devant ce beau feu. »

Le jeune homme piqua une belle grande bûche rougeoyante et courut d'une traite jusqu'à sa fouée. Effet de son habileté ou magie de la bûche du Roi des chênes, la combustion reprit parfaitement. Au petit matin, lorsque ses frères revinrent, il leur montra fièrement le travail accompli.

Comme à l'accoutumée, les trois charbonniers mirent leur charbon en sac, et le cadet fut chargé de nettoyer le fourneau. Il enlevait soigneusement la cendre, pelletée après pelletée, quand quelque chose se mit à briller sous l'épaisse couche grise. Une bûche d'or luisait doucement dans sa gangue cendreuse. Ses mains tremblaient quand il la retira du feu. Elle était aussi grosse que la bûche du Roi des chênes. Il eut une pensée reconnaissante pour le grand dieu vert qui lui faisait un si somptueux cadeau, et partit enfouir sa bûche au creux d'une cache rocheuse connue de lui seul.

La pensée d'en faire profiter ses frères l'effleura un instant. Mais cette bûche, fruit de son effort extraordinaire la nuit précédente, n'appartenait qu'à lui. C'était lui, et nul autre, qui avait affronté les périls de la forêt, c'était sûrement ce que le Roi des chênes avait voulu récompenser… Il pensa aussi que depuis des années, il avait travaillé pour ses frères sans salaire, même minime. Il était bien temps d'obtenir une récompense. La bûche était en sécurité, il n'y toucherait que si sa famille se trouvait dans le dénuement : pour l'instant le travail du charbon leur rapportait tout ce qu'il fallait.

Au moment de laisser son trésor, il en préleva une toute petite part. Pour le plaisir d'avoir dans sa poche le beau métal doré et doux. Chaque jour il le regardait, au soleil ou sous la lumière des étoiles. L'or lui chantait une chanson, pleine de promesses : une vie facile, de beaux vêtements, des domestiques, des repas fins, et l'amour des plus belles filles, voilà tout ce que je te donnerai, lui semblait-il entendre sans relâche.

Un samedi, profitant de la voiture d'un marchand, il partit pour Rennes et changea son or contre une avalanche de pièces. Toute la journée, il mena la vie qu'il avait rêvée. Mais le soir, il fallut revenir à la forêt, au charbon, à la soupe d'orties et de pain noir.

Le petit charbonnier savait maintenant ce que l'or pouvait lui apporter, et cette pensée l'obsédait. Il ne prenait part que de loin en loin au travail de ses frères, partait rêver dans la forêt, laissait la maison à l'abandon. Un soir, son frère aîné, excédé, lui ordonna de reprendre ses esprits et de se mettre au travail. Le ton monta, des mots blessants furent échangés. La nuit même, le jeune homme se faufilait dans la forêt, un baluchon à la main.

Un mois plus tard, il arrivait à Paris. Au hasard des rencontres, il avait voyagé sur toutes sortes de charrettes, de carrioles, et à pied fort souvent. Sa mine chétive et sa taille chétive l'avaient, pour une fois, bien servi : de braves gens n'avaient pas manqué, au long des routes, de l'abriter dans leur grange ou de le nourrir un peu. Il entra donc dans la grande ville avec son trésor intact ficelé entre deux vieilles chemises de toile grise.

Il comprit rapidement comment faire fructifier son or. Un banquier avisé, quelques conseils sagement écoutés, et le coffre de l'ancien charbonnier se trouva vite rempli. Une petite partie de ses richesses lui suffit à acquérir un hôtel particulier, des serviteurs, un équipage, et tous les habits nécessaires à la vie mondaine du marquis du Chesne de la Crézée, puisque tel était le nom que le vaniteux s'était choisi. Plusieurs mois il mena grand train dans la capitale, veillant jalousement à ne pas laisser diminuer son pécule.

Mais une pensée l'obsédait : quelle que soit son aisance, sa fortune même, il n'impressionnait personne ici. Tandis qu'avec les mêmes moyens, il pourrait éblouir tous ceux de Brocéliande et des environs. Quelle revanche pour lui lorsqu'il paraîtrait sur son splendide pur-sang anglais, et quand il se ferait construire le plus beau château de la forêt ! On se battrait pour venir à ses fêtes, on mendierait son attention. Il emploierait, juste retour des choses, ses frères comme intendants.

L'idée chemina dans sa tête et, un jour de printemps, il vida l'or de ses coffres, malgré les mises en garde de son banquier, et à la tête de plusieurs voitures, il reprit la route de la Bretagne. Son arrivée fit grand bruit : à Plélan, Mauron ou Ploërmel, chacun voulut lui être présenté. On affecta d'oublier sa modeste naissance. Ceux qui en parlaient soulignaient de quelle intelligence il avait été doté et comme il s'en était bien servi. Il y eut nombre de dames pour le trouver beau. Et lui, pour mieux les éblouir, organisait les fêtes les plus somptueuses, donnait des chasses suivies de banquets généreux : même sa charité était ostentatoire, et les pauvres se lassaient des chapons et du foie gras prodigués à l'envi. Le château se construisait à grands frais, trop grand, trop orné, trop doré. Mais l'ancien charbonnier devait bien cela au nouveau marquis. Alors les artisans œuvraient, les tailleurs brodaient des galons d'or, les intendants remplissaient caves et celliers. Et le petit parvenu puisait sans contrainte dans le coffre d'or qu'il conservait en permanence chez lui.

Vint pourtant un jour où il dut se rendre à l'évidence : les pièces et les lingots commençaient à se faire rares. Il fit venir à grands frais son banquier parisien. Celui-ci rendit son jugement : la situation était grave, mais en vendant quelques pièces de terres, en arrêtant là les embellissements du château, et à condition de placer judicieusement l'argent restant pendant quelques années, tout pouvait encore s'arranger. Le récent marquis le fit jeter dehors : jamais il ne renoncerait à tout ce qui faisait le sel sa vie, déclara-t-il, rouge de colère.

Il savait bien comment se procurer à nouveau du bel or. Sa mémoire était bonne, et il se rappelait chaque moment de la nuit qui lui avait apporté la fortune. Il attendit la pleine lune la plus proche de la Saint-Jean, et partit vers la forêt. Il avait revêtu de pauvres habits empruntés à l'un de ses bergers, il avait repris une pique et un pot de terre. Il retrouva facilement le chemin, les ruines de la cabane, l'emplacement des fouées. À minuit, il vit, dans la direction de Trécélien, des flammes dorées qui illuminaient la nuit. Il pressa le pas. La fortune l'attendait.

Comme la première fois, il entendit la musique, qui lui parut étrangement grinçante. Ce ne furent pas de gracieuses nymphes qui le firent entrer dans la clairière, mais des korrigans pleins d'agressivité. Le marquis s'inquiétait déjà un peu. Autour du feu, il fut bombardé de menus projectiles : cailloux, pommes de pin. Par chance, une grande ombre se pencha vers lui : le Roi des chênes était là.

« Je croyais t'avoir demandé de ne jamais revenir.

— Pardon, majesté des arbres, mais je suis si seul, si malheureux, et vous seul pouvez m'aider.

— Raconte-nous ton histoire, et je déciderai quelle aide t'apporter. »

Et il fut à nouveau question de misère, de faiblesse, de fouée éteinte. Le Roi des chênes écoutait et tous les habitants de la clairière faisaient silence.

À la fin du récit, le Roi des chênes rendit son jugement :

« Prends ton fer et pique dans le feu. Pique bien profond et tu auras ta récompense. »

Sans cacher sa joie, l'ancien petit charbonnier remercia le Roi des chênes, qui se contenta de répéter : « Pique donc dans le feu. » Le jeune homme planta son fer au milieu du bûcher. Devant ses yeux incrédules, il vit le fer devenir rouge, puis blanc. Une douleur épouvantable traversa ses mains. Il avait beau tirer comme un fou sur le manche de fer, il ne parvenait pas à le retirer du feu. La douleur était trop forte. Il voulut lâcher prise. Mais ses mains ne pouvaient quitter la pique. Il hurla d'horreur quand il vit ses mains et ses bras s'enflammer ; sa dernière vision fut celle du Roi des chênes qui haussait les épaules et se détournait du foyer.

Le lendemain matin, des braconniers trouvèrent les restes d'un grand feu, dans la clairière de Trécélien, et dans les cendres encore chaudes, comme l'empreinte d'un corps humain. Le vent du matin fit voler les cendres et ils crurent avoir rêvé. Quelques heures plus tard, on apprit que vers minuit un incendie avait ravagé le beau château du marquis de la Crézée.

Dans la clairière de Trécélien, un pauvre chêne rabougri a longtemps porté le nom du chêne du charbonnier. Puis lui aussi a disparu, poussière dans l'humus de la forêt.

CG

Peronnik l'idiot

Lorsque Peronnik l'idiot arriva à l'orée de la forêt de Brocéliande, il aurait juré qu'il marchait depuis sa naissance. Il ne se souvenait guère de ces années, mais aussi loin que remontaient ses souvenirs, il se revoyait arpentant chemins et routes, par tous les temps. Il avait sillonné la

Basse Bretagne jusqu'à l'âge de quinze ans, puis il s'était dirigé vers l'est et avait quitté les terres où l'on parlait breton.

En ce temps-là, les gens de sa sorte étaient partout les bienvenus car ils avaient l'âme pure et plus de finesse qu'il n'y semblait. Les paysans accueillaient de bon cœur ce garçon au sourire permanent, qui avait toujours une chanson à la bouche, et pas une once de méchanceté (eût-il voulu être méchant qu'il n'y serait d'ailleurs point parvenu). Les fermières remplissaient sa gamelle d'un reste de soupe ou de bouillie d'avoine, et d'un morceau de pain rassis. Peronnik n'étant pas idiot au point de se laisser mourir de faim, il avait chaque fois grand soin de louer l'excellence de la nourriture offerte. La maîtresse de maison, flattée, rajoutait quelque morceau de lard ou de volaille rôtie. Peronnik se lançait aussitôt dans la louange de la ferme, si bien tenue, et du fermier qui élevait un troupeau aussi exceptionnel, donnant une viande excellente. L'avalanche de compliments produisait son effet, et le plus souvent Peronnik se retrouvait, pour quelques jours, employé à garder les vaches. Il repartait avec un peu d'argent en poche, et sur le dos des vêtements qu'un épouvantail lui aurait enviés, mais qui étaient propres et chauds.

Aux abords de Brocéliande, qui était alors beaucoup plus vaste qu'aujourd'hui, il avisa une ferme bien tenue. Peronnik entra en chantant dans la cour de la ferme, la fermière lui offrit le reste de bouillie de son chaudron… Une heure plus tard, Peronnik devenait vacher remplaçant, le titulaire du poste s'étant fait, le jour même, méchamment bousculer par un taureau irascible.

Juste avant la nuit, un beau chevalier tout armé entra à son tour dans la cour. En l'apercevant, la fermière se mit à pleurer. « Encore un jeune homme qui va perdre la vie en s'enfonçant dans la forêt enchantée, expliqua-t-elle à Peronnik. Il va me demander la route du château de Kerglas, je ne pourrai pas l'empêcher de s'y rendre, et il périra, comme des centaines d'autres avant lui. »

Le chevalier s'inquiéta de la route de Kerglas, et la fermière le mit en garde contre les périls mortels qu'il allait affronter. « Je suis prêt à tout pour conquérir le bassin d'or et la lance de diamant que détient le magicien Rogear au fond des souterrains de Kerglas. La lance tue ou brise tout ce qu'elle touche, et le bassin fournit l'or en abondance, guérit les malades et ressuscite les morts dont il touche les lèvres. Voilà pourquoi je chevauche depuis de longs mois vers Kerglas. Mais n'ayez pas peur pour moi, ajouta-t-il, un saint ermite m'a déjà annoncé toutes les épreuves qui m'attendent.

— Que vous a-t-il raconté au juste ?

— Que pour parvenir jusqu'à Rogear, il faut franchir le Bois trompeur, affronter le Korrigan à l'aiguillon de feu et voler une pomme au pommier qu'il garde, puis cueillir, malgré le Lion à la crinière de vipères, la Fleur qui rit, traverser le lac des Dragons, vaincre l'Homme Noir armé d'une boule de fer, échapper au Vallon des plaisirs, et enfin oser prendre en croupe la Hideuse Dame Noire qui est la seule à savoir comment vaincre le magicien.

— J'espère qu'il vous a également expliqué comment venir à bout de tous ces dangers ?

— Madame, je suis chevalier, je n'ai besoin de rien d'autre que de ma bonne épée, de ma vaillance et de ma foi pour combattre les créatures maléfiques. »

La fermière soupira bien fort, et lui indiqua le chemin. « Adieu chevalier, je prierai pour vous », ajouta-t-elle tristement quand il disparut au galop entre les arbres.

Le lendemain Peronnik, bâton en main, partit vers la pâture, à la tête d'un troupeau d'une vingtaine de vaches. Comme le travail n'était pas trop absorbant, il s'assit dans l'herbe et observa la forêt. De toute la matinée, il ne vit âme qui vive. Quand le soleil arriva au plus haut dans le ciel et que l'estomac de Peronnik lui confirma qu'il était midi, il vit sortir de la forêt un homme de grande taille, presque un géant, drapé dans de riches vêtements noirs. Le visage maigre et pâle, le regard cruel, il chevauchait une jument à la robe sombre. Peronnik observait la scène, à plat ventre derrière un buisson. La jument était suivie d'un vigoureux poulain noir, bien assuré sur ses jambes. Mais ce qui frappa l'Idiot d'étonnement, ce fut la lance de diamant que tenait le cavalier, et le bassin d'or qu'il portait devant lui, sur sa selle. En un éclair, Peronnik comprit qu'il voyait passer Rogear et ses précieux talismans. Ceux-ci brillaient d'un éclat presque insoutenable, et dans la tête de Peronnik résonnaient les paroles du chevalier : « La lance brise ou tue tout ce qu'elle touche, le chaudron apporte la fortune et la vie. »

Pendant les semaines qui suivirent, des chevaliers continuèrent à demander à la fermière la route de Kerglas, et Peronnik continua à observer Rogear qui chaque jour empruntait le même chemin. Le bassin d'or et la lance de diamant avaient fait naître dans le cœur de Peronnik le désir absolu de les posséder. Il était aussi effrayé que tenté par l'aventure : comment conquérir des trésors, quand on n'a pour tout talent que garder les animaux, tendre des pièges à la glu, et imiter le chant des oiseaux.

La chance lui sourit lorsqu'un soir un vieil homme s'arrêta à la ferme demander à boire.

« Êtes-vous, comme les autres, en route pour Kerglas, et faut-il vous indiquer le chemin ? s'enquit la fermière.

— Non point, répondit le vieillard, car j'y suis allé bien souvent.

— Et vous en êtes revenu ? »

Peronnik en bâillait d'admiration.

« Comment avez-vous fait ? Tous les autres ont été tués par Rogear !

— Il ne m'a pas tué, et ne me tuera pas, parce que je suis sorcier comme lui, et parce que je suis son frère, Briac'h.

— Et les sortilèges du Bois Trompeur ?

— Je n'ai pas besoin de les affronter, il me suffit d'appeler le poulain noir pour qu'il me transporte sain et sauf sur son dos.

— Et tous les autres périls ?

— Es-tu vraiment idiot ? Je viens de te dire que je suis sorcier ! »

Après avoir bu et mangé, puis remercié la fermière de son accueil, Briac'h partit vers la lisière de la forêt. Peronnik, de moins en moins idiot, l'avait précédé. Caché dans les fourrés, il vit le sorcier tracer un cercle sur le sol, se placer en son centre, tourner plusieurs fois sur lui-même puis chanter : « Poulain, libre des pieds, poulain, libre des dents, poulain je suis ici, poulain, viens, je t'attends. » Quelques instants après, le petit de la jument noire arriva au galop. Briac'h lui mit un licol, sauta sur son dos et tous deux disparurent dans la forêt.

La formule n'était pas tombée dans l'oreille d'un sourd. Peronnik commença à réfléchir à la façon de venir à bout des épreuves énumérées par le chevalier. Peu à peu, il échafauda un plan, ses idées devinrent claires, et il entreprit de préparer un petit bagage. Il réclama de la toile, de la glu, des lacets. Le fermier, qui connaissait ses talents de chasseur, les lui fournit volontiers. Il se tailla un sifflet dans du sureau, garda soigneusement les plumes des volailles que la fermière passait à la casserole. Pour finir, il acheta un chapelet de grosses perles de bois noir et le fit bénir par le curé, en même temps qu'une petite gourde d'eau. Si le prêtre fut étonné par le zèle soudain de son nouveau paroissien, il eut le bon goût de n'en rien laisser paraître.

À l'entrée du bois, Peronnik répéta les gestes et les mots du magicien. Le poulain se laissa docilement passer le licol et monter par Peronnik, et ils s'enfoncèrent ensemble dans le Bois Trompeur. Autour d'eux, l'idiot ne voyait que périls : tempête déchaînée, gouffres béants s'ouvrant sous leurs pas, avalanches de rochers, torrents de boue prêts à les emporter. Le garçon se forçait à penser qu'il ne s'agissait que d'illusions et de diableries, mais de-ci de-là il apercevait les squelettes d'un chevalier et de son cheval, et il ne pouvait s'empêcher de penser en tremblant à ceux qui l'avaient précédé. Une peur glacée le paralysait peu à peu, et il faillit revenir sur ses pas. Dans un dernier sursaut de lucidité, il tira son bonnet sur ses yeux et laissa le poulain aller son chemin.

Quand sa monture s'arrêta, Peronnik releva doucement le bord de son couvre-chef : devant lui s'étendait une vaste plaine entrecoupée de haies. Le petit cheval trotta jusqu'à un enclos verdoyant, entièrement occupé par un énorme pommier surchargé de fruits. Un korrigan d'une laideur remarquable barrait l'entrée. De ses deux mains, il tenait une épée de feu qu'il pointait vers Peronnik.

Le garçon sauta à bas de sa monture et tomba à genoux. Il se présenta, avec beaucoup de politesse, et en prenant son air le plus innocent, comme le nouveau valet de Rogear. Trompé par le sourire idiot du jeune homme, et rassuré par la présence du poulain noir qu'il connaissait bien, le korrigan abaissa un peu son épée. Pas entièrement convaincu, il demanda cependant à Peronnik quel service Rogear attendait de lui.

« Le débarrasser des centaines d'oiseaux qui chaque jour ravagent ses arbres, mangent ses fruits, abîment son jardin et ses fleurs. Je suis un grand expert en science de piégeage, regardez vous-même. » Et Peronnik sortit le lacet de son sac.

« Ton savoir m'intéresse, lui répondit le korrigan. Vois comme mon beau pommier est envahi de merles et de grives. L'épée de feu ne m'est d'aucun secours contre eux. Place donc quelques pièges ici avant de partir rejoindre ton maître. »

Peronnik prépara son matériel, puis, toujours aussi innocemment, demanda au korrigan de l'aider à tendre le piège. Sans méfiance, celui-ci avança la main et se retrouva pris dans le lacet. L'idiot l'arrosa bien vite d'eau bénite, et le korrigan, hurlant de rage, en fut réduit à l'immobilité. Peronnik courut au pommier, cueillit une pomme et remonta sur le poulain.

Trottant toujours à travers la plaine, le poulain conduisit son cavalier vers un grand jardin où toutes les fleurs de la terre semblaient s'être donné rendez-vous. Au cœur du jardin, un labyrinthe en buis conduisait à la fleur la plus étrange que Peronnik ait jamais vue. Elle élevait très haut sur sa tige une corolle qui ressemblait à un visage d'enfant, et son cœur riait d'un joli rire argentin. Tout autour de la fleur courait un lion dont la crinière était faite de vipères entrelacées, agressives, sifflant et lançant en avant leurs têtes armées de crocs dégoulinant de venin.

« Si tu t'approches de la fleur, tu es un homme mort, rugit l'animal.

— Messire, répondit l'idiot, saluant bien bas le lion, je ne suis pas à la recherche d'une fleur. Je veux seulement qu'on m'indique la route de Kerglas, car je dois porter ce sac au grand magicien Rogear. Ma maîtresse lui envoie de quoi se confectionner un énorme pâté d'alouettes, et j'ai hâte d'accomplir ma mission, car ce pays n'est guère rassurant.

— Des alouettes ! (Le lion en salivait.) Tu en as vraiment beaucoup ?

— Jugez vous-même, messire. »

Peronnik tendait au lion un sac de toile tout gonflé d'où dépassaient des touffes de plumes. Incapable de se retenir, le lion plongea sa tête, vipères comprises, dans le fond du sac. Ses dents se refermèrent sur un poisseux mélange de duvets et de glu. Peronnik referma vivement le sac autour du cou du lion. Aveuglé, à moitié étouffé, la gueule fermée par la glu, le fauve se dégagea du piège longtemps après que Peronnik eut repris la route, la fleur qui rit serrée dans sa main.

Une chaussée à ras de l'eau traversait le lac aux Dragons. Battant l'eau de leur énorme queue, les dragons attendaient d'un air réjoui le jeune homme et sa monture. Peronnik ne pouvait avoir de doute sur le sort qui l'attendait : des carcasses de chevaux et des débris d'armures parsemaient la rive du lac. Il sortit son chapelet. Les dragons ricanaient devant cette piété de dernière minute. Mais Peronnik leur lança à chacun un grain de son chapelet, et les pauvres monstres les gobèrent sans réfléchir. L'un après l'autre, ils se retrouvèrent raides morts, flottant sur le dos.

Peronnik entrevoyait maintenant la réussite de son aventure. Plus que trois épreuves, se disait-il, et je serai définitivement le plus intelligent de tous les idiots. Il commença à déchanter en arrivant au bout de la plaine, à l'entrée du défilé de l'Homme Noir. Enchaîné au pied du rocher qui commandait l'unique passage, le sombre géant tenait à la main une boule de fer qui avait pour usage de revenir dans la main de son maître après avoir atteint son but. L'engin n'était guère rassurant, et les six yeux que l'Homme Noir avait tout autour de la tête l'étaient moins encore. Peronnik savait que le gardien de la Vallée ne dormait jamais que de deux yeux. L'idiot tomba à genoux et, pour se donner du courage, commença à chanter un cantique, bien long et bien solennel. À la fin du chant, le géant avait fermé trois de ses yeux. Encouragé, Peronnik dévida tout son répertoire de chants religieux, en breton, en latin, en français. Les paupières du géant s'abaissaient l'une après l'autre. Peronnik regrettait de ne pas avoir été plus assidu à l'église. Il reprit un ou deux cantiques, baissant peu à peu le ton. L'Homme Noir ronflait comme un bienheureux, la boule avait roulé sur le sol loin de sa main. Chantonnant à mi-voix un dernier Ave Maria, Peronnik passa sur la pointe des pieds devant le farouche gardien. Le poulain le suivit sans bruit, et ils entrèrent dans la vallée des plaisirs.

Une immense fête dans le plus beau jardin du monde attendait l'idiot. Des tables interminables, recouvertes de nappes blanches, croulaient sous les victuailles ; des rôtis, des pâtisseries, des sauces parfumées et onctueuses, des pains tout chauds, des fruits, des glaces se pressaient à portée de sa main. Dans des carafes, miroitaient des vins d'ambre et de rubis. Des musiciens jouaient sans relâche des airs enchanteurs. Des jeunes filles qui se baignaient nues dans un joli bassin de marbre l'invitèrent à les rejoindre. Deux d'entre elles sortirent de l'eau et se mirent à danser. Peronnik se signait à tour de bras, convoquait toutes les bribes de prières qu'il parvenait à se rappeler, mais les visions tentatrices ne s'effaçaient pas. Il fit appel à ses souvenirs : les filles n'avaient jamais été bien aimables avec lui, et il avait récolté plus de moqueries et de paires de claques que de baisers. Méfiant, il détourna son regard des jolies naïades. Mais résister à la vue de la nourriture et à ses parfums était un supplice bien plus cruel. Son estomac, vide depuis trop longtemps, se mettait de la partie, grondant et gargouillant. Fasciné, il s'approcha des tables. Il tendait déjà la main vers les plats. Un rayon de soleil se posa sur une aiguière qui se mit à luire comme un diamant. Comme la pointe de la lance tellement désirée. Peronnik reprit ses esprits ; il avait failli réduire à néant tous ses efforts. Il avait faim ? Donc il allait manger. Il s'assit sur le sol et vida joyeusement le contenu de sa musette. Une belle tranche de lard, deux grosses tartines beurrées, un morceau de pâté de chair, encore du bon pain de la ferme, et un demi-far. Il poussait tout ça avec du cidre mousseux, pas trop dur ; il s'offrit même le luxe de lamper d'un trait la petite cruche de lambig qu'il avait embarquée avant de partir. À la fin de ce qui était pour lui un véritable festin, les nourritures raffinées disposées sur les tables lui parurent bien pâles. Il n'en avait plus le moindre désir. La musique se mit alors de la partie, se faisant ensorceleuse, le retenant sous son charme. Peronnik sortit de son sac le sifflet de sureau. Le poulain qui, de son côté, s'était régalé de la bonne herbe des pelouses, était tout disposé à reprendre le chemin. Peronnik, s'assourdissant lui-même avec son sifflet, sauta sur son dos. Dès qu'ils furent hors de vue du jardin des plaisirs, l'idiot cessa de siffler, ce dont le poulain fut fort aise.

Le château de Kerglas se dressait dans le lointain quand Peronnik parvint au bord du gué où l'attendait la Hideuse Dame toute drapée de noir. Avec sa politesse habituelle, il l'invita à monter derrière lui et s'engagea sur le gué. Il savait que sa passagère était redoutable mais aussi qu'elle pouvait l'aider à terminer sa quête. Il attendait ses ordres dans un silence prudent. Au milieu de la rivière, elle se présenta à lui.

« Peronnik l'Idiot, sais-tu qui chevauche avec toi ?

— Je ne sais pas votre nom, mais vous êtes sûrement une très puissante personne.

— Dans ton innocence, tu as trouvé le mot juste. Personne n'est plus puissant que moi ! Nul ne peut m'arrêter, les rois eux-mêmes, avec toutes leurs armées doivent s'incliner devant mes décisions. Je suis la Peste. »

La peur faillit jeter Peronnik à bas de son cheval, mais la Peste le retint d'une main un rien osseuse mais fort vigoureuse.

« Ne t'affole pas. Ce n'est pas toi que je recherche. Je veux abattre Rogear, et tu vas m'y aider. En retour, je t'épargnerai et je te donnerai la clé qui te conduira vers la lance de diamant et le chaudron d'or. Tout ce que je te demande, c'est de faire en sorte que Rogear morde dans la pomme que tu as volée au korrigan, elle a le pouvoir de briser le sort d'immortalité que Rogear entretient autour de lui-même. »

Ayant ainsi parlé, elle rabattit ses voiles sur son visage.

Quelques minutes plus tard, le poulain et ses deux cavaliers entraient dans la cour du château où les attendait Rogear.

« Te voilà enfin, sale petit voleur. Tu vas regretter de t'être attaqué à mes biens.

— C'est votre propre frère qui m'a confié cette monture quand il m'a chargé de vous apporter deux présents de sa part. Il a appelé le petit cheval, et il m'a expliqué comment éviter les dangers du voyage.

— Deux cadeaux, dis-tu ? Montre-les-moi. »

Peronnik plongea la main dans sa besace d'où il retira la pomme.

« Voici d'abord la Pomme de Joie. Quiconque y mord en garde pour toujours l'âme contente. »

Puis il se retourna vers la dame en noir immobile sur la selle.

« Et voici, plus précieuse encore, la Dame de Soumission. Si vous la prenez à votre service, tous se soumettront à vous, les plus riches comme les plus puissants. Mais votre frère a bien dit que ces cadeaux ne peuvent pas attendre. Il faut vous en emparer tout de suite.

— Alors donne-moi la pomme et descends la douairière de sa selle. »

Rassuré par l'évocation de son frère, et plus encore par l'air stupide du messager, Rogear, oubliant sa méfiance habituelle, mordit dans la pomme. À cet instant, la dame le toucha au visage et il s'écroula, foudroyé par la Peste.

Satisfaite d'avoir abattu le magicien qui la défiait en se voulant immortel, la Peste quitta Peronnik. Il dissimulait prudemment sa joie de la voir s'éloigner. « La fleur qui rit te mènera jusqu'au trésor de Rogear, ne la lâche surtout pas », lui dit-elle en guise d'adieu. Peronnik s'enfonça dans les souterrains du château. La fleur, tenue bien haut, éclairait les sombres couloirs. Il trouva sur son chemin plus de cinquante portes fermées, mais la fleur les ouvrait l'une après l'autre, d'un éclat de rire. Au plus profond des souterrains, la dernière porte se dressa enfin devant lui. La lumière et le rire de la fleur se conjuguèrent, plus fort que jamais, et le vantail d'argent tourna sur ses gonds. Devant Peronnik, la lance et le bassin luisaient doucement. Il les prit dans ses mains. À ce moment, un cri terrible se fit entendre à travers le château, et la terre commença à trembler et à se fendre. Les murs s'écroulèrent.

Peronnik reprit ses esprits au milieu de la forêt de Brocéliande. Tout avait disparu, sauf le bassin d'or et la lance de diamant qu'il tenait toujours fièrement, et le poulain qui broutait, un peu à l'écart.

Plus tard, Peronnik mit ses armes de lumière au service du duc de Bretagne, puis partit vers l'Orient conquérir son propre royaume. Il racontait parfois son aventure, récit qu'il concluait immuablement en disant à ses auditeurs : « Vous voyez ce que j'ai accompli comme un pauvre idiot. Alors, imaginez un peu, si j'avais été intelligent… »

CG

NOUVEAUX CONTES À BROCÉLIANDE

Le dragon du lac de Ploërmel

L'eau de la rivière brillait sous la lune, et le vent glacial mordait les chairs de la pauvre femme qui se hâtait dans la campagne. L'âge avait courbé sa silhouette, mais elle avançait d'un pas rapide vers Ploërmel. Parmi la centaine de maisons du bourg, elle trouverait bien quelqu'un pour l'abriter, le temps d'une nuit. La croix de la petite église de schiste l'attestait, on était en pays chrétien — à vrai dire pas depuis très longtemps — et la charité était un devoir. La vieille eut beau toquer à tous les huis, pas une porte ne s'ouvrit, sinon sur des figures courroucées. Refus glacés ou insultes, chiens lâchés à ses trousses, partout elle fut chassée sans pitié. Parvenue à la sortie du bourg, la mendiante savait qu'elle devrait, pour dormir, se contenter de l'abri des talus et de sa mince cape grise. Et se passer du bol de soupe qu'elle avait espéré. Il restait encore une petite maison, un peu à l'écart des autres, basse et mal entretenue. Elle frappa. À sa grande surprise, les habitants la firent entrer, lui offrirent du pain et du fromage, et jetèrent pour elle une paillasse sur le sol. Au matin, la vieille vit la pauvreté extrême de la maison, et la mine fatiguée de ses hôtes, mais ils lui donnèrent un bol de lait, et un morceau de pain noir pour provision de route. Elle leur fit ses adieux et s'éloigna sur le chemin. Quelques minutes plus tard, elle s'arrêta et s'assit, tournée vers les maisons prospères dont les cheminées fumaient dans la vallée ; et elle se mit à pleurer, dans le matin gris. Elle versa des larmes sur la dureté de certains cœurs, sur la difficulté des hommes à s'aimer, sur la misère et le dénuement. La pluie commença à tomber, et pendant des heures le ciel et la femme pleurèrent ensemble. Pleurèrent si longuement, si abondamment que larmes et pluie mêlées remplirent la vallée, submergeant l'une après l'autre les maisons inhospitalières. Les eaux de la rivière montèrent jusqu'au seuil de la pauvre masure où la femme avait passé la nuit, et s'y s'arrêtèrent enfin. Un lac remplissait la vallée. Alors la femme se releva, très grande tout à coup, et droite comme une jeune fille. Elle resserra sur elle les plis de son manteau d'un bleu profond, et partit dans la grisaille. Autour d'elle rayonnait une lumière qui dessinait les contours de sa silhouette et la couronnait d'or. On aurait juré qu'elle tenait à la main une gerbe de lys.

À peine un siècle plus tard, le lac et toutes les terres à des lieues alentour étaient aux mains d'un puissant chef de tribu, un tiern que l'on traitait de prince, ce qu'il acceptait avec un plaisir évident. Car s'il était courageux, bon guerrier et s'il administrait ses terres à la satisfaction de tous, accroissant largement la prospérité de ses hommes, il faisait preuve d'un orgueil certain et d'un appétit pour les honneurs de ce monde que son confesseur lui reprochait régulièrement. Tout comme il lui reprochait son goût pour les jolies filles, son tempérament colérique et son attrait pour les parures somptueuses. Ses alliés, ses sujets, ses hôtes ne manquaient pas de flatter ce dernier penchant.

Lourds bijoux d'or, torques à l'ancienne mode ou chaînes émaillées finement ouvragées, croix venues de la lointaine Byzance et broches nordiques d'ambre et d'argent s'entassaient dans son trésor. Tant de joyaux ne manquaient pas d'attirer la convoitise, et la protection du trésor devint peu à peu une obsession, pour le prince lui-même et pour son capitaine de la garde, guère enclin à se priver de ses meilleurs hommes d'armes pour veiller sur le précieux coffre.

Lorsque vint le jour du mariage du prince, toutes les parures furent exhibées devant le peuple, comme il se devait, mais l'angoisse du prince s'en accrut encore. À la fin des noces, un très vieil homme apparut sur le seuil de la salle de banquet. Vêtu de vert, le visage et les mains plissés de mille rides, chaussé de bottes rapiécées de morceaux de cuir de toutes les nuances de brun, il ressemblait autant à un vieil arbre qu'à un être humain. Il portait dans ses bras une précieuse cornemuse de velours vert, d'ivoire et d'argent. Le prince l'invita à jouer, et en un instant la salle fut plongée sous le charme. Dans les notes de la cornemuse se déployaient les montagnes d'Écosse, les lacs d'Irlande, les fières forteresses galloises. Pendant quelques instants, les hommes rêvèrent de filles rousses à la peau de lait, au sourire engageant, les femmes s'imaginèrent que de beaux guerriers bardés de cuir tombaient à leurs genoux. Quand la musique s'arrêta, ils ne savaient plus s'ils avaient ri, dormi, pleuré, mais ils savaient qu'ils étaient heureux. Le vieil homme respecta un instant le silence, puis enchaîna avec des airs à danser, les autres musiciens se joignirent à lui, la cervoise se remit à couler dans les cornes à boire, et la gaîté habituelle des repas de noce reprit ses droits.

Le prince pria le vieil homme de rester auprès de lui. Tous les soirs, l'inconnu venait raconter quelque histoire des mondes lointains où il avait voyagé, chanter un récit épique, évoquer la sagesse et l'héroïsme des anciens rois. Ses conseils, souvent inattendus, parfois même insolents, se révélaient toujours d'une grande sagesse. Tant et si bien qu'un beau jour le prince le conduisit à la cachette du trésor et lui montra ses plus belles pièces, puis lui confia son grand souci : comment assurer une protection infaillible à tous ces joyaux ? Le vieil homme ne réfléchit qu'un instant. « Un dragon, affirma-t-il, je ne vois qu'un dragon comme gardien de tes richesses. »

Le prince crut bien que son vieux conseiller déraisonnait. Il n'y avait jamais eu de dragon dans le pays de Ploërmel, ou alors dans des temps si reculés ; quelques récits en faisaient état, mais il ne s'agissait que de contes pour faire peur aux enfants. Le vieillard répondit que les dragons existaient bel et bien, et que s'ils avaient quitté la Bretagne depuis des siècles et des siècles, il en subsistait encore quelques-uns dans les montagnes du pays de Galles. « Les Gallois sont vos cousins, à vous les Bretons. Vous parlez la même langue, vous vous racontez les mêmes histoires. Quoi de plus normal ? Bien des Gallois sont venus s'installer ici, fuyant devant les barbares du Nord, et ont fondé vos villages et vos paroisses. Leurs rois ne refuseront pas de vous confier un de leurs dragons, si je me présente de la part d'un chef puissant, et si j'arrive muni de promesses d'alliance, de nobles présents et de quelques chevaux. »

Le prince était enchanté de cette suggestion. Il se voyait déjà délivré de son obsession, et imaginait le surplus de gloire que lui vaudrait le fait d'être le seul en Bretagne à posséder le plus mythique des animaux.

Le vieux conseiller partit donc sous bonne escorte ; plusieurs chariots contenaient les présents destinés aux princes gallois. De beaux étalons caracolaient en queue du convoi.

Le voyage fut long, et l'ambassade dut parlementer plusieurs semaines dans la Ville des Légions avant que les souverains n'acceptent de se priver d'un de leurs animaux protecteurs. Il fallut ensuite partir en expédition dans les montagnes et persuader un des grands serpents volants de quitter sa terre. Enfin, presque une année plus tard, on vit arriver au pays de Ploërmel un convoi en tête duquel chevauchait le vieux musicien. Dans un très long et très lourd chariot, renforcé de pièces de bois à moitié brûlées et de morceaux de métal dont certains portaient des traces de morsures profondes, se reposait un énorme dragon, vert émeraude taché de rouge. Ses ronflements faisaient vibrer les barreaux de sa cage, et lorsqu'il ouvrait la gueule chacun se détournait, se pinçant le nez d'un air incommodé. Seul le vieux se comportait normalement, parlant à l'animal à voix basse, lui grattant la tête, lui offrant des poulets crus et des lapins dont la bête s'emparait avec un grondement de plaisir.

Arrivé au palais, le vieillard sortit de ses bagages sa cornemuse, et commença à jouer. Un des soldats ouvrit alors la cage et le dragon sortit majestueusement. Sans se concerter, toute la cour recula de deux pas, sauf le prince qui tenait à montrer son courage et sa force d'âme. Le dragon se dandina jusqu'à lui, de courtes flammes sortant de sa gueule chaque fois qu'il respirait ; le vieux jouait toujours. Le dragon se coucha devant le souverain, posa la tête sur le sol et attendit ; le prince, hésitant un peu, descendit de son trône, caressa d'une main timide la tête écailleuse. Le dragon ronronna d'aise et se releva. Le vieux s'arrêta de jouer, juste le temps d'attacher la cassette contenant le trésor royal au cou de l'énorme animal. Puis il reprit sa cornemuse et partit vers le lac, sans cesser de jouer. Le dragon le suivit. À l'approche de l'eau, la musique se fit plus rapide, le son montait, les notes tourbillonnaient, vertigineusement. Sur la rive, le sonneur tint un long instant la plus haute note, puis s'arrêta, d'un coup. Devant toute la cour abasourdie, le dragon sauta à l'eau et disparut en un instant. Les assistants retenaient leur souffle. Un moment passa, puis le vieux se remit à jouer, la surface de l'eau commença à bouillonner, et le dragon émergea, le coffret toujours attaché au cou. Le vieux se tourna vers le prince : « Ton trésor est désormais en sécurité, gardé au fond des eaux par le monstre cracheur de feu. Chaque fois que tu désireras porter tes parures, ou les exposer, je jouerai sur ma cornemuse et mon ami le dragon remontera à la surface. »

Pendant des années, le dragon apparut chaque fois que sonnait la cornemuse d'ivoire et d'argent et le reste du temps le trésor princier reposait au fond du lac. Mais un matin le vieux sonneur ne se présenta pas à la table du déjeuner : on le trouva étendu dans sa petite maison de pierre, endormi pour toujours, un léger sourire aux lèvres. À ses côtés reposait la cornemuse, soigneusement rangée dans son sac de velours vert. On porta le vieux en terre, au cœur de la forêt comme il l'avait depuis longtemps demandé. Et le roi demanda au chef de ses sonneurs de jouer un des airs que le dragon affectionnait. Mais le musicien eut beau s'appliquer, s'efforcer encore et encore, l'eau du lac resta désespérément calme. Le prince, inquiet, fit appeler à travers toute la Bretagne les sonneurs les plus renommés : tous essayèrent, donnant le meilleur de leur art. Mais ce fut en vain. Alors le prince en envoya chercher d'autres, au pays de Galles, puisque le dragon était venu de cette terre d'outre-mer. Toujours en vain. Les musiciens gallois avaient vanté la science musicale des Irlandais et des Écossais. On fit venir les meilleurs d'entre eux, on alla même en chercher dans la lointaine et brumeuse île de

Skye, où les joueurs, inspirés, dit-on, par les fées, sont incomparables. On ne revit jamais le dragon gallois, ni la cassette du roi. Le lac, lui, est toujours là.

CG

Les révélations de monsieur de Trécesson

Nous sommes en 1773, et Jean de Trécesson sent sa conscience lui échapper. Il fait appeler à son chevet un ermite retiré non loin de son domaine. Le visage émacié par la souffrance, le vieux seigneur s'ouvre au saint homme des remords qui l'obsèdent.

« Je m'en vais, je le sais, et je veux apaiser ma conscience. J'ai commis un des péchés les plus graves. J'ai menti, menti à ma famille à mes amis et à mes gens. J'ai toujours soutenu que mon unique fils était parti faire fortune, préférant l'aventure à l'hymen qu'il devait contracter. Gaspard n'a jamais quitté le domaine. Voici vingt ans, il s'est suicidé : je l'ai retrouvé pendu au vieux chêne du colombier, l'hiver 1752.

Gaspard était un garçon brillant et plein d'ardeur. Il était parti étudier à Paris. Après avoir fréquenté l'université et les philosophes, il était revenu à Trécesson. Il rentra de Paris transformé. Je n'avais plus affaire à un jeune homme bouillant et affectueux, mais à un “monsieur” sûr de lui, plein de morgue et d'idées nouvelles, et qui entendait bien hériter le domaine de mon vivant. Une jeune fille au visage de madone l'accompagnait, une riche héritière. Elle faisait partie de la stratégie de mon fils pour obtenir le succès et le pouvoir. Gaspard avait une curieuse conception de l'ascension sociale et des idées nouvelles : pour lui, la morale devait forcément passer par le nivellement par le bas. J'ose le dire, il se vautrait dans la luxure, jouait avec de l'argent mal acquis et s'enivrait plus que de raison.

Il ne se passait pas une semaine sans qu'il ne gagne Rennes, il y avait toujours quelque chose à faire : un concert à Saint-Germain, une réception au Thabor ou un récital d'opéra — pour ne parler que de ses passe-temps les plus brillants. Tout était prétexte aux mondanités. Pourtant les soirées se terminaient toujours de la même triste façon, entre tripots et femmes de peu de vertu. Et que dire des matins, blafards et imbibés d'alcool. Il disait que tout cela était de ma faute. Que si je lui avais laissé le domaine, il aurait renoncé à ses mauvais démons. Comment aurais-je pu lui faire confiance et lui remettre le château, le domaine, nos paysans ? Pourtant aujourd'hui j'éprouve un poignant remords de ne l'avoir pas fait.

Mon fils s'efforçait encore de temps en temps de lutter contre lui-même. Combien de fois l'ai-je vu dans le grand hall, scrutant dans le miroir son visage si beau, entouré d'une longue chevelure aile de corbeau. Je revois sa démarche volontaire, pleine de cette fougue qui n'appartient qu'à la jeunesse. Les femmes étaient à ses pieds : sa petite fiancée semblait ne se rendre compte de rien. Mais le miroir reflétait le visage d'un homme à l'âme déjà flétrie.

Quelquefois, il séjournait un peu plus longtemps au château. Tout redevenait alors comme avant. Il parcourait au galop les sentiers de la forêt. Il empruntait souvent un chemin de traverse qui menait jusqu'au Rocher de Casse-Cou. Là il s'arrêtait tout au bord du précipice et contemplait le vide, le vide de son existence.

Un soir, une étrange lubie s'empara de Gaspard. Il souhaita retourner dans l'aile condamnée depuis la mort de ma femme. Il voulait revoir les lieux de son enfance. Il s'empara d'une torche et partit vers la tourelle nord. Il entra dans un noir abyssal. Gaspard grimpait quatre à quatre les marches de l'escalier en spirale. Au fur à mesure qu'il montait, il avait l'impression de s'enfoncer plus profondément en lui-même. Au sommet de la tour, il arriva devant une porte fermée. Une mince lueur filtrait sous la porte. Il força le verrou et pénétra dans une pièce dépouillée. Une femme sans âge se tenait près de l'âtre, ni belle ni laide, seulement étrange. Gaspard, appuyé au chambranle, l'interpella narquoisement : "Alors la vieille, tu brodes ?" Il rencontra son regard : des yeux sombres, étrangement vides. Elle lui répondit d'une voix sans timbre : "Entre, Gaspard, je t'attendais. Regarde sur ma toile les fils de ton destin…" Gaspard voulut éclater de rire, sans succès. Il referma la porte à grand fracas et descendit l'escalier en courant. Il haletait et son esprit bouillonnait. Mon fils s'ouvrit à moi de cette aventure. L'inquiétude m'avait saisi en l'écoutant. Je savais qu'il n'y avait rien dans cette tour ; pas même un chat, je peux vous l'assurer ; les chauves-souris elles-mêmes ne s'y risquaient pas.

Le tourbillon des fêtes avait repris. Mon fils faisait d'incessants va-et-vient entre la ville et la campagne. Quelque chose le poussait à revenir à Trécesson. Il rentrait à point d'heure et grimpait fougueusement l'escalier de la tourelle nord, comme un amant court rejoindre une maîtresse adorée. Elle, elle était toujours là, prétendait-il, pour lui seul. Elle semblait l'attendre. Quand il arrivait, elle posait précautionneusement son ouvrage et écoutait en silence ses folies, ses doutes, ses défis. Immanquablement, il lui demandait : "Auras-tu bientôt fini ton ouvrage ?" Elle lui répondait : "Il n'y en a plus pour très longtemps." Je ne sais combien de fois il est allé la retrouver. Et moi, impuissant, je voyais mon fils s'enfoncer dans sa folie.

Un soir, il retrouva sa fiancée et ses vauriens d'amis à Rennes. Il avait bu plus que de coutume. Il se riait de tout et ses pensées revenaient sans cesse à la femme de la tour. Désespoir, bravade, désir d'en finir ? Un plan machiavélique germa dans son esprit. Il savait que l'étrange créature l'avait lié à elle par son impassibilité même. Peut-être qu'en la faisant enfin souffrir, il se libérerait de sa propre angoisse. Il voulait briser son masque d'impassibilité, la réduire au désespoir, pour mieux s'arracher son image de l'esprit.

Gaspard devait se marier dans deux mois. La robe de sa fiancée était prête. Il la lui réclama et se heurta d'abord à un refus. Mais il fit preuve de tant d'obstination, de colère et supplications, que sa douce compagne céda. Un rendez-vous fut convenu avec ses amis, au château, à minuit. Gaspard arriva de Rennes au galop, tenant contre sa poitrine la boîte nuptiale.

Pour la dernière fois, il monta dans la tour. C'était une nuit sans lune. La femme se tenait toujours à la même place, comme si elle l'attendait. Lorsqu'il l'appela, elle replia sa toile et dit calmement : "Voilà, tout est achevé."

Gaspard ne prêta aucune attention à sa réflexion. Il était à genoux, et dans une infâme comédie, se lançait dans une déclaration. Il n'avait jamais été aussi bon comédien. Elle le dévisageait sans un mot. Il lui présenta la somptueuse robe blanche, et elle ne protesta pas lorsqu'il la laça par-dessus ses affreuses guenilles.

Ils descendirent de la tour. Il tenait sa main, une main étrangement froide. À peine avaient-ils franchi les grilles du château que des hommes en noir se saisirent de la fausse mariée. Ils lui lièrent les poignets et les chevilles et la portèrent un peu plus loin au pied du vieux chêne, non loin du colombier. Un des amis de Gaspard prit une bêche et commença à creuser. Le trou achevé, ils jetèrent la pauvre femme dans la fosse. Ils attendirent des gémissements, des pleurs : elle resta impassible. Ils balancèrent des pelletées de terre sur son visage, elle ne prononça pas un mot, ne poussa pas un soupir. Ils continuèrent leur jeu sinistre, puis l'un d'eux s'avisa qu'elle ne respirait plus. Aucun ne tenta de la sauver. Ils finirent de l'enterrer vivante.

Gaspard rompit ses fiançailles. Il buvait de plus en plus. Le remords se mit enfin à le ronger. Un soir, il quitta subitement la ville et lança sa monture dans une course effrénée vers Trécesson. Un court instant, il crut voir une lueur à la tourelle nord. Il se dit qu'il devait perdre la raison. N'avait-il pas commis un meurtre pour son simple plaisir, pour éprouver les nerfs de ses amis, pour défier une pauvre femme, pour rien ?

Il poussa d'un coup d'épaule la porte du grand hall. Devant le miroir, il s'arrêta. Toute apparence de jeunesse l'avait quitté. Il se regardait, épuisé par les abus, le visage bouffi, les yeux injectés de sang.

Pris d'un accès de fureur, il dirigea ses pas vers la remise où il se saisit d'une pioche. Il sortit du château, traînant son cheval par la bride, et alla droit au vieux chêne. Il se mit à creuser, avec la hargne du désespoir. Il voulait la revoir dans son habit de mariée grotesque, et lui dire à quel point il souffrait. Il craignait et désirait la vue de son corps déjà rongé par les vers. Au fond de la fosse, il trouva une robe blanche, un voile et une toile soigneusement roulée. Gaspard la déroula de ses mains fébriles : ce qu'elle représentait l'effraya. Il vit un paysage, au fond duquel brillaient les lumières de Trécesson ; un peu en avant se dressaient les grilles du château, le parc et le colombier. Au premier plan se déployait la ramure d'un vieux chêne auquel un homme se balançait. Pendu. Il se reconnaissait, là, sur la toile. Il arracha la bride de son cheval, la lança par-dessus une des branches et la fixa par un nœud. De l'autre extrémité de la bride, il se fit un collier. Il monta dans l'arbre et s'élança dans le vide. Gaspard venait de se donner la mort sans rendre l'âme. Son âme, il l'avait déjà perdue, assassinée. Croyant duper les autres, il ne s'était menti qu'à lui-même.

Voilà toute la triste histoire de mon fils, et la clé du mystère de la Dame Blanche, mon père. Depuis vingt ans, je prie pour que son âme cesse de hanter ces lieux. Je m'en vais maintenant. Priez pour moi, priez pour lui, priez pour la Dame Blanche de Trécesson. »

MT

Le puits de Guillerien

Naguère l'on croyait au petit peuple, au monde de féerie et au bon roi Arthur. En fin de semaine, les gens de la ville venaient se promener en forêt, reprendre des forces au contact des arbres et des sources. Ceux qui avaient gardé leur âme d'enfant savaient que derrière la forêt de Paimpont se cachait une autre forêt, celle des légendes, la forêt de tous les imaginaires, la légendaire Brocéliande. Alors ils laissaient à l'entrée des mystérieux halliers leurs machines infernales et s'en allaient rejoindre la sylve en simple pèlerin, à pied, le bâton à la main. Ils ne cherchaient pas un lieu précis, mais désiraient simplement se mettre en route. Ils se tenaient debout comme l'on se tient dans la vie lorsqu'on a des promesses plein la tête.

Puis tout s'était corrompu. On aurait juré que la terre ne tournait plus rond. Les saisons se mêlaient, des pluies torrentielles succédant à des périodes caniculaires. Les arbres refusaient d'endosser leur parure automnale. Verte un jour, la forêt s'éveillait le lendemain jonchée de feuilles mortes sous ciel morne.

Les scientifiques donnaient bien entendu des explications rationnelles. Ils parlaient de la théorie de l'effet de serre, des effets de la pollution.

En forêt de Brocéliande, les communautés villageoises s'affolaient. Des rumeurs s'élevaient : « Ce sont les dieux de la forêt qui nous punissent. Nous avons voulu domestiquer l'indomptable. Voilà bien notre mal. »

Un groupe partit demander conseil à un ancien au bourg de Concoret. D'une antique malle couverte de poussière, le vieillard sortit des baguettes de coudrier et prit la route. Il parcourut la forêt, s'en allant par les sentiers, et de sa voix chevrotante, il répétait inlassablement :

« Le passé est le passé
Il ne faut pas le remuer.
Aujourd'hui, c'est ici et maintenant.
Il ne faut pas penser au futur,
Mais vivre le présent. »

Ses baguettes le conduisirent dans la forêt interdite, là où depuis deux siècles un camp militaire avait élu résidence, amputant Brocéliande de quelques hectares. Sur la lande du Thélin, à l'est de l'Aff, nombreux avaient été les paysans expropriés, les villages abandonnés. Progressivement, tout un pan de Brocéliande avait disparu avec ses cortèges de croix, de calvaires, de mégalithes et même de châteaux. Seul, le gibier avait élu la forêt interdite comme havre de paix.

Lorsque les promenades étaient autorisées, quelques-uns osaient s'aventurer dans ses villages désertés. Là où la nature avait repris ses droits, la forêt était serrée, dense, silencieuse et mystérieuse. Des arbres avaient poussé dans les maisons et fait éclater les murs et les toits. On distinguait encore la butte d'une ancienne fortification féodale, la grand-rue et le four banal de ces villages fantômes où tout était devenu étrange et insolite. On s'attendait à voir passer un bûcheron avec sa cognée, le boulanger portant son coffre à pétrin, une fileuse avec sa quenouille.

C'est là, au village de Guillerien, que les baguettes de coudrier avaient commencé à vibrer devant un vieux puits resté béant qui s'enfonçait dans les entrailles de la terre. On avait jeté une pierre pour sonder sa profondeur, mais aucun son n'en était remonté.

« Tout le mal vient de là, déclara l'ancien. De cette plaie faite à la terre, et laissée béante, se répandent bien des calamités. Il faut drainer le puits et le boucher ensuite correctement. »

Personne n'osa se proposer pour descendre voir ce qui se passait tout au fond de l'abîme. On chercha longtemps qui aurait assez de courage pour relever le défi. Pour la première fois, toutes les communautés de Brocéliande se donnaient la main. Elles partirent vers Beauvais où vivait un peintre, en compagnie de sa famille. Il croyait encore au monde des fées et peignait les êtres fabuleux qui hantaient la mémoire des visiteurs et de Brocéliande.

Ils n'eurent pas à le convaincre. Il était descendu dans le puits de Guillerien sans rien demander, emportant juste une petite musette. Il était descendu, et descendu encore, interminablement. Enfin il avait trouvé dans une lumière blafarde une femme qui l'attendait, seule au milieu d'une immense demeure aux murs dépouillés. Elle n'était que larmes et lamentations. Elle pleurait, sans répit, depuis tant d'années.

Quand elle vit le peintre, elle se jeta à ses pieds et le supplia.

« Enfin tu es là. Je sais que tu es peintre. Veux-tu faire quelque chose pour moi ? Ma maison est tellement triste, si vide… »

Alors avec ses pinceaux et ses couleurs, il para la demeure de toutes les beautés de la légendaire forêt. Ici, le blanc cerf pourchassé par Arthur et sa meute, là Lancelot affrontant les enchantements de la fée Morgane, puis les ajoncs dorés sur le Val et l'aubépine en fleur à Comper. Il resta sept jours, et sans arrêt mania son pinceau. Lorsque, épuisé d'avoir peint si longtemps, il revint à la surface du monde, quelle ne fut pas sa stupeur. Il ne reconnaissait rien, ni personne. Des usines avaient poussé, de grands rubans goudronnés couraient autour d'une rachitique forêt, et la voûte des arbres avait été sacrifiée. Quelque part, auprès d'une fontaine oubliée pleurait une fée. Elle appelait en vain Merlin, enchanteur prisonnier d'un autre univers.

Le peintre posa des questions, confronta les dates. Il n'était pas resté sept jours mais cent quarante ans au fond de la terre. Il découvrait, consterné, ce qu'il était advenu du monde qu'il avait quitté. Il cherchait ses ancêtres séculaires, les chênes, tout autant que sa famille disparue. On lui indiqua le vieux cimetière de Paimpont. Là dans la végétation bouillonnante, sous le lierre et les ronces, il trouva les noms de ceux qui lui étaient chers. Il s'agenouilla, le dos courbé par la souffrance. Il avait planté ses ongles dans la terre et il arrachait la végétation rageusement, en hurlant son désespoir. Soudain, il entendit un cri venu de très loin. Une voix suppliait.

« Tu es fou ! lui disait sa femme. Arrête de me griffer ! Je dormais si paisiblement. Tu viens encore de faire cet affreux cauchemar ? »

Le peintre se redressa sur sa couche, trempé de sueur.

« Oui, je viens encore de voir la mort de Brocéliande.

— Chut, mon peintre. Calme ta peur. Personne ne peut atteindre Brocéliande. Ils sont nombreux à se battre pour la forêt, chacun avec ses armes. Parfois séparés, parfois unis lorsque le danger est trop pressant. Toi, tu luttes avec tes couleurs, avec les fruits de ton imagination, avec ce que te dicte ton cœur. C'est ainsi qu'existe Brocéliande et qu'elle existera toujours… »

MT

Entre deux rives (la légende d'Isaugouët)

Dans le petit village de Concoret, ce soir de début juin, les habitants ont préparé un grand feu en préfiguration des réjouissances de la Saint-Jean. Le village, rassemblé autour de l'ancien, attend le début du concours « d'histoires à la bouche ». Chacun devra conter ce qui lui plaît, et trois prix seront décernés, celui de la plus belle menterie, de l'histoire la plus drôle, de l'histoire la plus triste.

Tout le monde est présent, du plus vieux au plus jeune. Chacun a son mot à dire de l'écolier à la maîtresse, du bœuf au boucher. On s'interpelle joyeusement aux sons de la bombarde, du biniou et de l'accordéon. On lève son verre aux uns et aux autres. Et les histoires défilent : le public rit, soupire, se méfie un peu. Arrive le tour de Jean, qui tient une ferme voisine, un vieux garçon, gentil mais si taciturne. Il se lève brutalement de son banc, et rougit devant tous les yeux rivés sur lui. Dans un grand silence, il prend une profonde inspiration, il ouvre la bouche une fois, deux fois, trois fois… Aucun son n'en sort. Il reste là, sans voix, l'air un peu niais, il ressemble à un gros poisson privé d'eau. Jean n'a rien à dire, n'a jamais rien eu à dire, voilà bien sa tristesse.

Les villageois le chahutent :

« Enfin Jean, n'as-tu pas quelque chose à conter ou à chanter ? Ton tracteur ou tes vaches ne t'ont-ils point joué des tours ? Et la jolie fille pour laquelle tu soupires ? »

Jean est toujours muet, la petite foule l'intimide. Alors l'ancien prend la parole : « Jean, puisque tu n'as pas d'histoires, je te donne un gage. »

Tous applaudissent, s'esclaffent et attendent impatiemment la sentence.

« Tu vas te rendre jusqu'à l'étang d'Isaugouët. Là tu trouveras une barque, et dans la barque, une boîte en fer-blanc. Ouvre-la, et tu puiseras l'inspiration à l'intérieur. »

Tout penaud, Jean s'en va d'une démarche pataude sur la route qui serpente entre Concoret et la ville Danet. Il entend derrière lui le brouhaha de l'assemblée, les airs d'accordéon, les rires. Il jette un coup d'œil par-dessus son épaule, vers les lumières du bourg. Passé la petite chapelle de la Bouvrais, les rumeurs s'estompent et Jean entre dans la nuit, une nuit douce comme du velours. Arrivé à Isaugouët, près de la grande bâtisse des pharmaciens de Mauron, il voit la lune jouer de ses reflets argentés sur la surface calme et opaque de l'étang. Quelques nuages qui passent masquent l'astre de la nuit. Jean s'avance, les bras tendus devant lui. Sur la rive, dans la végétation trop abondante, il fouille, ses doigts parcourent les fougères humides. Tout n'est que bruissement. La vieille barque est là prisonnière des fourrés. Jean s'approche, ses mains tâtent la coque de bois recouverte de mousse. L'embarcation craque, grince tant les planches sont vermoulues. Jean se penche et sent sous ses doigts, au fond de la barque, les aspérités d'un bloc effeuillé par la rouille. Il a trouvé la fameuse boîte. Son cœur bat à tout rompre, son sang est près de faire éclater ses tempes, et malgré la fraîcheur de la nuit une étrange chaleur l'envahit. Jean s'empare de son butin et s'apprête à sortir de la barque. Il se sent en déséquilibre. Tant bien que mal, il pose un pied sur la rive. La barque se met à se mouvoir tout à coup, poussée par une force invisible. Le garçon part en arrière, il a beau tenter de s'agripper à la végétation, il tombe et sa nuque vient heurter le rebord de la barque. Les ténèbres sont là pour de bon.

Son évanouissement n'a duré que quelques secondes, et il est vite ramené à la réalité par le bruit d'une galopade. Il entend au loin des voix qui s'affolent, des chevaux qui piaffent et hennissent. Un homme crie :

« Au secours, pressez-vous, la baronne se noie dans l'étang d'Isaugouët. »

Jean tente de se redresser. Quelle n'est pas sa surprise lorsqu'il sent son corps engoncé dans un pesant habit mouillé : il est vêtu d'une robe à la manière du XVIIIe siècle. Il porte instinctivement sa main à l'arrière de son crâne, où il ressent une vive douleur. Il ne comprend pas. Il ne s'est pourtant pas déguisé pour la soirée du village.

Un homme portant perruque, bicorne, long gilet et chemise à jabot de dentelle s'approche à grandes enjambées. Jean a déjà vu ce genre de costume, dans un livre d'histoire locale : les contremaîtres du massif de Trécilien s'habillaient ainsi. En quelques secondes, il tire l'embarcation près de la rive et tend une main à Jean.

« Madame, donnez-moi votre main, Dieu merci, vous êtes saine et sauve. » Sa voix est pleine de respect.

Jean veut protester. Sa surprise une fois de plus est extrême lorsque, au lieu de sa voix bourrue, il s'entend parler d'un ton doux et élégant. Il est abasourdi, il ne comprend pas ce qui lui arrive. Quelle est donc la réalité où il se trouve ?

On s'agite autour de lui. Un paysan est allé chercher le seigneur, au château du Rox. Le baron arrive, blême, suivi de ses gens à qui il reproche de n'avoir pas mieux veillé sur la baronne. Chacun sait au château que, sous des dehors doux et fragiles, elle affectionne le risque. Dans son escapade nocturne, elle a bien failli laisser son mari veuf et ses enfants orphelins.

Jean perçoit peu à peu la bouleversante vérité : il est enfermé dans le corps de la dame du Rox, il est devenu la baronne d'Isaugouët. Il — elle ? — s'effondre sur le sol, en proie à une terrible crise de nerfs. Ne sachant comment la calmer, son époux la gifle. Elle se pâme. On apporte des sels, on ranime la malheureuse et on la ramène dans sa chambre.

Le recteur de Concoret, appelé au chevet de la jeune femme, arrive suivi du médecin. L'homme de science déclare que la baronne a perdu l'esprit quand sa tête a heurté la barque et quand elle a failli se noyer. Il conseille une longue convalescence, du calme, des bains de tilleul, du vin de Bordeaux. Le recteur se chargera des cierges et des neuvaines. Autour de la baronne, certains parlent, à mots couverts, de possession. N'a-t-on pas vu l'exorciste et l'évêque venir de Vannes en grande pompe ?

Après un mois et trois jours, la baronne quitte les appartements privés où elle est restée prostrée. Elle s'efforce de redevenir elle-même, mais dans l'obscurité de ses nuits, elle sent que Jean est toujours tapi au fond de son esprit, et qu'il crie son incompréhension et sa révolte.

Le temps passe, et la dame du Rox, qui a repris des forces, décide, comme le dit sa vieille nourrice, de mettre l'affreux cauchemar dans sa poche, et son mouchoir pardessus. Elle promet de ne plus s'approcher des étendues tourbeuses qui encerclent l'étang d'Isaugouët. Elle s'affaire, commande des toilettes, organise de nouvelles réceptions. Elle redevient l'épouse aimante et la mère dévouée que tous aiment tendrement.

Les saisons s'égrènent lentement. Aux alentours du solstice d'été, la dame du Rox sent un irrésistible besoin de partir, seule, à travers son domaine. Depuis longtemps maintenant, les serviteurs rassurés la laissent aller et venir à sa guise. Désireuse d'en finir avec cette vieille histoire, sûre d'elle maintenant, elle veut faire toute la lumière sur la mystérieuse embarcation de l'étang d'Isaugouët. Poussée par la curiosité, elle chevauche jusqu'à la rive. Le soleil est éblouissant. La main au-dessus des yeux, elle scrute les eaux de l'étang. La fameuse barque est là dans les fougères. La baronne pose ses jolis petits pieds dans l'embarcation. Posée sur le fond, brille une boîte en métal blanc, toute neuve. Elle s'en saisit fébrilement et s'apprête à faire basculer le couvercle. Le paysage, les eaux, l'azur tourbillonnent soudain autour d'elle. L'émotion est trop forte. Elle sent ses jambes, aussi molles que du coton, ployer sous elle, elle glisse, elle perd conscience.

Lorsqu'elle reprend ses esprits, allongée au fond de la barque, les étoiles embrasent la nuit, une chaude nuit d'été. Elle essaye de prendre appui sur les bords de l'embarcation, et découvre à la place de ses doigts fins et graciles, deux grosses mains calleuses.

Elle se met à hurler, si longtemps et si fort que tout le bourg de Concoret est saisi d'effroi. On accourt, on secourt le pauvre Jean. Pour sûr, il a beaucoup de choses à dire, à raconter, à conter. Le village est là, assemblé autour de lui, pendu à ses lèvres, à son souffle saccadé.

Quand son histoire se termine, il y a d'abord un long silence empli d'émotion puis d'interminables applaudissements crépitent. Les gens rient, ils sont étonnés, très émus aussi.

Ce soir-là, il se produit un événement unique dans les annales de Concoret. Jean rafle les trois prix, celui de la meilleure menterie, celui de l'histoire la plus drôle, celui de l'histoire la plus triste.

L'ancien remet les prix à Jean, à grand renfort de tapes dans le dos.

« Allez Jean, prends-les, tu les as bien mérités. Ce soir, tu nous as tous éblouis. Sacré Jean qui ne savait pas d'histoires ! »

Jean regarde l'ancien, ses yeux s'embuent de larmes. Il veut reprendre la parole, mais ses mots se perdent dans un sanglot.

« Grand merci à vous tous, finit-il par murmurer d'une voix étrangement douce, je suis bien heureux d'être parmi vous, mais je sais que quelque part mes enfants m'attendent. »

MT

Retour de Néant, de Frédéric Jacques Temple

À Jean Carrière

La mer, la forêt, le désert, voilà de quoi se perdre, sans boussole. Et sans guide. Mais si la boussole perd la tête ? Si le guide est lui-même perdu ? Alors, recommandez votre âme aux puissances obscures. Je parle d'expérience, connaissant le désert, la mer et la forêt. Si, de surcroît, la forêt est bretonne, craignez les pires maléfices. Je sais de quoi je parle.

C'était en 1972, par temps de pluie et de brouillard, au début de novembre, dans un village dont le nom seul peut jeter le trouble dans les esprits, Néant, en lisière de la forêt de Brocéliande, rutilant alors de tous les cuivres de ses feuillages. Là s'étaient donné rendez-vous, à la Table Ronde, une poignée de poètes venus par des chemins obscurs, à travers la brume, des quatre points cardinaux pour interroger la pierre magique de la fontaine de Barenton. Je dus partir le second jour. Il fallait que je regagne Paris et, de là, mon Sud natal. Un ami, qui connaissait les moindres détours de la forêt, proposa de me conduire à la première gare. L'après-midi était noyée dans un épais nuage de lait gris sur lequel butait la lumière impuissante des phares. Je devais paraître inquiet, car mon compagnon crut bon de me rassurer : « Je connais la forêt comme ma poche. » La voiture roulait au pas, dans la brouée où ondulaient çà et là quelques vagues lueurs et des fantômes d'arbres enveloppés d'exhalaisons et de fumerolles.

Nous tournions, retournions, de chemin de traverse en piste cavalière, parmi des futaies saturées de crachin et de nuées. Nous nous taisions. Au bout d'une heure, mon ami, breton et poète, un peu crispé et pâle, me dit d'un ton convaincu : « Je ne sais plus où je suis… Il s'est passé quelque chose, je ne reconnais plus rien. » Que répliquer à cela ? « Le mieux, dit-il, est de suivre cette route, elle nous mènera bien quelque part. — Peut-être à Néant », dis-je d'un air lugubre. Mon conducteur ne riait pas. Blessé dans son orgueil, accablé par le sortilège, il s'accrochait au volant et, de tous ses yeux, forait l'opaque brouillard.

Plus tard, beaucoup plus tard, une forme de masure se dessina dans la purée du crépuscule naissant. Étions-nous sauvés ? « Oui, jubilait mon ami poète et breton, c'est une gare. » C'était bien une gare, mais bizarre, insolite, déserte. Il semblait que personne, depuis longtemps, n'avait occupé ce réduit. Un guichet fracturé, une chaise effondrée, une cloche bloquée par la rouille, c'était tout ce qui nous reliait au monde réel. « Il y a une voie ferrée, dit mon ami, un train passera bien par là. » Je devais attendre. Quant à lui, il était vraiment navré de me laisser ; il devait retourner à Néant… Il disparut, avec sa voiture, dans l'inconnu.

La pluie tombait doucement, mais froide, persistante. J'attendis donc, l'oreille aux aguets, dans un silence béant où résonnait le moindre frottement de branches. J'imaginais des chuintements, des soupirs, des murmures, des ricanements réprimés. Où étais-je ? Qui avait pris le visage de mon ami pour me conduire ici ? De quelle fée étais-je la proie ?

Une heure passe, lente, lourde, hercynienne. Je plongeai enfin dans une somnolence salvatrice lorsque je perçus un bruit merveilleux, miraculeux, de bielles et de pistons : un train ! Debout au milieu des rails qui s'enfonçaient dans la brume, je guettais, de pied ferme. Soudain, deux yeux énormes, comme des hublots, surgirent. Je fis des signes de sémaphore. Le train stoppa à dix mètres. Personne n'en descendit. Personne n'occupait la cabine de la locomotive. Je me hissai dans le premier compartiment, qui était vide. Le train repartit. Je m'endormis aussitôt.

Croyez-le si vous voulez : réveillé par le premier coup de frein et l'absence de tout mouvement, je vis que j'étais à Paris. J'ai maintes fois revu mon ami poète et breton. Jamais nous n'avons évoqué cette affaire, comme si elle ne nous concernait pas.

Frédéric Jacques Temple

Ce texte a été publié dans l'album des éditions Artus, *Brocéliande ou l'obscur des forêts*, paru en 1988.

DES LIEUX ET DES LÉGENDES

Une visite de la forêt de Brocéliande

L'ancienne forêt de Brocéliande porte aujourd'hui officiellement le nom de forêt de Paimpont. Au Moyen Âge, romans et textes juridiques la nomment Brécilien ou Bréchilian, mais le nom de Brocéliande est dû au romancier Chrétien de Troyes qui, en 1170, situe autour de Barenton l'action de son roman *Le Chevalier au lion*. En 1467, la *Charte des Usements et Coustumes de la forêt de Brécilien* récapitule les différents territoires qui composent Brocéliande.

Les récentes recherches archéologiques menées par Maurice Gautier ont démontré que le territoire de la forêt a peu varié depuis le néolithique, période où l'on trouve les premières traces d'occupation humaine à Brocéliande.

Aujourd'hui, la forêt compte 7 500 hectares de bois, landes, étangs. Près de quatre-vingt-dix pour cent du massif forestier, qui s'étend sur les départements d'Ille-et-Vilaine et du Morbihan, appartiennent à des propriétaires privés. Dans la continuité géographique, sinon administrative, de Brocéliande, se situent les 4 000 hectares des écoles militaires de Saint-Cyr-Coëtquidan.

La forêt de Paimpont se divise en deux parties. Dans la Haute Forêt, au sud et à l'ouest du bourg de Paimpont, les futaies de pins sylvestres et maritimes alternent avec les landes couvertes de bruyères et d'ajoncs. Dans la Basse Forêt, au nord et à l'est de Paimpont, des essences feuillues comme le chêne, le hêtre, le frêne, ont été conservées ou plantées pour fournir le combustible des forges.

Mais la forêt de Brocéliande est surtout connue pour ses sites légendaires liés aux aventures du roi Arthur et des chevaliers de la Table ronde, des fées et de l'enchanteur Merlin. La forêt est mentionnée pour la première fois par Wace dans son *Roman de Rou,* vers 1155-1160. L'auteur, natif de Jersey, a visité cette forêt de Petite Bretagne, célèbre pour ses fées. Il est aussi le premier à décrire les prodiges de la fontaine de Barenton. Par la suite, de nombreux romanciers situent leurs œuvres en Brocéliande, comme Chrétien de Troyes dans *Le Chevalier au lion*, ou les auteurs anonymes de *Claris et Laris, Le Tournoiement de l'Antéchrist, Le Roman de Ponthus*, etc. La forêt est aussi désignée comme la demeure de la fée Viviane, le lieu de l'enfance de Lancelot du Lac, la prison naturelle où est endormi Merlin.

Le Val sans Retour

Un entrelacs de vallées creusées dans le schiste pourpre porte aujourd'hui ce nom. À l'entrée du Val s'élève depuis 1991 l'Arbre d'or, de François Davin. Sur le cours du Rauco, qui coule au fond du Val, quatre étangs de retenue alimentaient un moulin. Deux de ces étangs existent encore ; le plus accessible est le miroir aux Fées. Sur la crête nord du Val, on découvre les rochers des Faux Amants et le siège de Merlin. L'accès se fait à pied, par Tréhorenteuc.

La fontaine de Barenton et Folle-Pensée

Modèle de la fontaine merveilleuse décrite dans les romans du Moyen Âge, Barenton était réputée pour ses pouvoirs surnaturels. Elle bouillait tout en étant froide et l'on déclenchait l'orage en versant l'eau de la fontaine sur la pierre voisine, le Perron de Merlin. Viviane, dit-on, y rencontra Merlin. Jadis les jeunes filles la consultaient pour connaître leur promis, les paysans lui demandaient de faire pleuvoir sur les récoltes au temps de la canicule. On peut se rendre en voiture jusqu'au village de Folle-Pensée, dont les maisons traditionnelles mêlent les architectures de terre et de pierre, mais l'accès à la fontaine se fait uniquement à pied.

Le château de Comper

Le rempart du XIVe siècle, démantelé en 1598 par Henri IV à la fin des guerres de la Ligue, abrite un corps de logis dont une partie date du XVIe siècle. L'autre partie a été reconstruite sous le Second Empire. La légende de Comper raconte que Merlin bâtit pour la fée Viviane un palais de cristal dissimulé aux yeux des incrédules sous la semblance d'un lac, et que Lancelot y passa son enfance.

Grâce à M. et Mme Ferrand, ses propriétaires, le château de Comper abrite depuis douze ans le Centre de l'Imaginaire arthurien. Cette association s'est donné pour but d'organiser de multiples animations culturelles liées à la forêt, aux légendes arthuriennes, à la mythologie celtique, et de mieux les faire connaître. Le Centre crée chaque année, d'avril à octobre, un ensemble d'expositions originales sur un des thèmes de la légende arthurienne.

Tour du Papegaut, à Montfort-sur-Meu

De l'ancien château édifié en 1091 par Raoul Ier de Gaël et reconstruit par Raoul VII de Montfort au XIVe siècle, il ne reste que l'ancien donjon, ou tour du Papegaut, du nom d'un jeu de tir à l'arc pratiqué par les bourgeois sur autorisation royale. Aujourd'hui, la tour, augmentée de bâtiments plus récents, abrite l'Écomusée du Pays de Montfort. La tradition y situe la légende de la Cane.

Le château de Trécesson

Le plus beau château de Brocéliande. Construite au XVe siècle par Jean de Trécesson, la forteresse de schiste entourée de ses douves a bien l'allure d'un château de féerie. Le château est surtout connu pour la légende de la Mariée, ou Dame Blanche, de Trécesson. En arrière du château, les Buttes de Tiot renferment tout un ensemble de tombelles néolithiques.

L'abbatiale de Paimpont

Elle a été construite au XIIIe siècle sur l'emplacement de l'ermitage fondé au VIIe siècle par Judicaël, roi de Domnonée. Les murs, ouvertures, voûtes, le baptistère, et la chapelle du Saint-Sacrement sont gothiques tandis que le mobilier intérieur, retables, statues, chaire et boiseries, est caractéristique du baroque de la Contre-Réforme. Le trésor de l'abbatiale contient un beau bras reliquaire de Judicaël du XVe siècle et un remarquable Christ d'ivoire du XVIIIe siècle.

Étangs de Paimpont et du Pas du Houx

Brocéliande est un véritable réservoir d'eau pure : des sources, des ruisseaux et surtout de grands étangs parsèment la forêt. Les plus étendus sont ceux du Pas du Houx et de Paimpont. Le Pas du Houx accueille sur près de cent hectares toute une population d'oiseaux d'eau. Sur ses bords, le château de Brocéliande et le château du Pas du Houx sont des domaines privés. L'étang de Paimpont est situé au pied de la grande abbaye dédiée à Notre-Dame de Paimpont. On peut suivre les bords de l'étang de Paimpont jusqu'à la grotte construite au XIXe siècle en laitier (résidu de minerai de fer), à l'imitation de celle de Lourdes.

Les Forges

Le minerai de fer est exploité en Brocéliande depuis le IIe siècle av. J.-C. Le site des Forges a pris sa configuration actuelle au XVIe siècle, et les établissements miniers ont fonctionné à plein du XVIIe jusqu'au milieu du Second Empire. L'étang des Forges est bordé de deux manoirs (privés) ; en contrebas de la chaussée de l'étang subsistent les ruines du haut-fourneau et des ateliers. Les chapelles sont toutes deux dédiées à saint Éloi.

Le Bois de la Roche et la chapelle de Kernéant

Le village du Bois de la Roche présente un bel ensemble de maisons anciennes. Dans le château, partiellement détruit par les paysans à la Révolution, vécut Anne-Toussainte de Volvire. Tout près, la chapelle de Kernéant est entourée de remarquables chênes creux.

L’abbaye de la Joie-Notre-Dame à Campénéac

Construite en 1953, cette abbaye de moniales cisterciennes a repris le nom de l’abbaye d’Hennebont, disparue à la Révolution. Une quarantaine de religieuses y fabriquent pâtisseries et chocolats, et commercialisent d’excellents produits d’artisanat monastique. L’abbaye accueille des retraitants.

L’église de Saint-Léry

L’église du XVIe siècle comporte une galerie extérieure ou chapitret ornée d’une belle série de sculptures, dont saint Georges terrassant le dragon. À l’intérieur de l’église, on peut admirer, outre le tombeau de saint Léry et un bas-relief qui raconte sa vie, une horloge sans cadran et un vitrail offert par Anne de Bretagne.

Église de Tréhorenteuc

Restaurée par l’abbé Gillard de 1942 à 1953, l’église Sainte-Onenne de Tréhorenteuc est surnommée parfois l’église du Graal. Son décor intérieur mêle, à travers vitraux, peintures, mosaïques, le récit imagé de la Passion, figuré dans le décor de Brocéliande, celui de la vie de sainte Onenne, sœur du roi Judicaël, et surtout celui de la Quête du Graal.

La chapelle Saint-Jean

Cette chapelle des Hospitaliers de Saint-Jean de Jérusalem, bâtie sur le schiste rouge, était entourée d’un petit ermitage. Elle appartient au domaine de Trécesson et ne contient plus qu'un grand tombeau en marbre. Une messe en plein air y est célébrée à la Saint-Jean d'été.

La croix Lucas

Située à la limite des landes de Gurwant, entre Tréhorenteuc et Campénéac, cette très vieille croix de schiste est censée marquer l'emplacement de la bataille qui s'est déroulée au IXe siècle entre Gurwan, comte de Rennes et Saint-Malo, et Pascweten comte de Vannes, tous deux se disputant l'héritage de Salomon de Bretagne qu'ils avaient fait assassiner.

La croix de Judicaël

Cachée dans les bois à la sortie de Paimpont en direction du tombeau de Merlin, cette grande croix trilobée célèbre le souvenir du fondateur de l'abbatiale de Paimpont. Prince de Domnonée au VIIe siècle, Judicaël entra au couvent, puis revint sur le trône à la demande de ses sujets. Après avoir combattu les Francs et signé un traité avec le roi Dagobert, Judicaël retourna finir ses jours au monastère de Saint-Méen, non sans avoir établi un ermitage à Paimpont.

Le Tombeau de Merlin

Les deux dalles de schiste rouge sont tout ce qui reste des vestiges d'une allée couverte, détruite en 1892. Est-ce là que Viviane aurait emprisonné Merlin à jamais ? Le lieu est devenu l'objet d'un pèlerinage spontané.

L'Hôtié de Viviane et le Tombeau des Géants

Appelée aussi « Tombeau des Druides », l'Hôtié (ou maison) de Viviane est un coffre néolithique à usage funéraire, construit vers 2500 av. J.-C. Les dalles dressées sont entourées d'un large pavage circulaire en petites pierres. À quelque distance, le grand coffre appelé Tombeau des Géants, ou Tombeau de la Vieille, a été bâti vers 1500 av. J.-C. en réemployant les menhirs d'un alignement plus ancien.

Le Jardin des Moines

Ce grand monument trapézoïdal est un des seuls de cette forme en Bretagne. Dans sa construction alternent des blocs de quartz et de schiste rouge. Les fouilles menées par Jacques Briard, qui ont permis de dater le début de sa construction vers 3000 av. J.-C., ont mis en évidence les différentes étapes de son évolution, mais n'ont rien révélé de sa fonction.

La Butte aux Tombes

Les landes autour du Jardin des Moines portent le nom de Lande du cerisier, ou de Butte aux Tombes, désignation due aux nombreuses tombelles néolithiques qui les parsèment. C'est aussi l'endroit où repose le docteur Guérin, inventeur du pansement ouaté qui sauva de nombreux blessés de guerre.

Le Tombeau des Anglais

Cette allée couverte datant de 3000 à 2500 av. J.-C., proche du Tombeau de Merlin, doit son nom aux combats de la guerre de Succession de Bretagne, au XIVe siècle.

Les Trois Roches de Trébran

Ces trois roches en poudingue rouge de Montfort sont disposées sur l'ancienne voie romaine. Nulle explication n'a été à ce jour trouvée à leur existence. Leur légende les lie à la construction du Mont-Saint-Michel : les fées passant par la région pour se rendre au Mont auraient laissé échapper de leurs tabliers ces trois blocs de pierre.

Le Val aux Fées

En arrière du château du Rox, à Concoret, au niveau de la ferme de Sous la Haie, s'ouvre le Val aux Fées. Sur l'un des flancs de la vallée se dresse le rocher du Pas de la Chèvre, et à quelques pas se trouvait l'ermitage de Jobard.

Le Chêne à Guillotin

Certains n'hésitent pas à lui donner mille ans d'âge. L'abbé Guillotin, prêtre réfractaire, s'était réfugié pendant la Révolution à Concoret, son village natal. Poursuivi par l'armée républicaine, il se serait caché dans le tronc creux du chêne ; il est protégé par l'intervention de Notre-Dame de Paimpont qui, sous la forme d'une araignée, tissa sa toile devant la cachette du fugitif.

Le Chêne des Hindrés

Un des arbres les plus remarquables de la forêt, ce chêne sessile en impose par sa hauteur et sa majesté. À son pied subsiste l'emplacement d'une fouée de charbonniers. Ceux-ci travaillaient en Brocéliande, notamment en Basse Forêt, dès le Moyen Âge. Le conte de la Bûche d'Or témoigne de leurs activités.

L'Arbre d'or

Suite à l'incendie du Val sans Retour en 1990, l'artiste François Davin a offert à la forêt l'Or de Brocéliande, grâce à toute une chaîne de mécènes et de bénévoles. Plus couramment appelé l'Arbre d'or, l'œuvre est là pour nous rappeler combien la forêt est précieuse et qu'il faut prendre la peine de la préserver, si nous la voulons éternelle.

Les vallées

D'autres vallées que le Val sans Retour méritent d'être découvertes par le promeneur attaché aux paysages et aux légendes.

La vallée de la Chambre au Loup, creusée dans le schiste pourpré de Brocéliande, a des allures de petit canyon. Le paysage forestier est particulièrement beau en automne. Autour de l'étang de Trémelin, le paysage vallonné et boisé permet de nombreuses randonnées.

L'étang du domaine de Careil, à Iffendic, mis en eau en 1997, est devenu un remarquable site d'observation des oiseaux migrateurs.

La vallée du Serein, taillée dans du schiste rouge qui affleure en de gros rochers verticaux, offre un paysage comparable au Val sans Retour. La vallée est aussi connue pour son parcours botanique.

De sa source jusqu'à Beignon, la superbe vallée de l'Aff alterne grands arbres et talus rocheux. L'osmonde royale pousse en masse le long de cette rivière aurifère. Au Pont du Secret, Lancelot et Guenièvre échangèrent, dit-on, leurs premiers aveux, et peut-être plus encore.

BIBLIOGRAPHIE

La Forêt de Brocéliande, Félix Bellamy, La Découvrance.

Brocéliande, Claudine et Hervé Glot, Apogée.

Brocéliande ou l'obscur des forêts, Artus.

Brocéliande, Philippe Le Guillou et Yvon Boëlle, Éditions Ouest-France.

Hauts Lieux de Brocéliande, Claudine Glot et Yvon Boëlle, Éditions Ouest-France.

Le Roi Arthur et les légendes de Brocéliande, Christian-J. Guyonvarc'h, Éditions Ouest-France.

Tour de Brocéliande, Topo-guide FFRP.

Brocéliande, Charles Le Goffic, Terre de Brume.

Contes et légendes de Brocéliande, Carrefour de Trécélien, Terre de Brume.

La Légende arthurienne, Danièle Régnier Bolher, éd. Bouquins.

Lancelot du Lac, éd. Elspeth Kennedy, traduction François Mosès, le Livre de Poche.

Le Chevalier au lion, Chrétien de Troyes, Livre de Poche, Garnier-Flammarion.

Chrétien de Troyes, Œuvres complètes, La Pléiade, Pochothèque.

Le Livre du Graal (dont *Merlin* et les *Premiers faits du roi Arthur*), La Pléiade.
Les Lais de Marie de France, éd. Karl Warnke, traduction Laurence Harf-Lancner.
Le Roman de Ponthus, éd. Marie-Claude de Crécy.
Art profane et religion populaire au Moyen Âge, Claude Gaignebet, Jean-Dominique Lajoux, PUF.
Le Roi Arthur, la force d'une légende, Anne Berthelot, Gallimard Découvertes.
Les Mythes fondateurs de la Bretagne, Joseph Rio, Éditions Ouest-France.
Les Fées au Moyen Âge, Laurence Harf-Lancner, Champion.
La Grande Encyclopédie des Lutins, Pierre Dubois, Hoëbeke.
L'Enchanteur, René Barjavel, Denoël.
Livres des guerriers d'or, Philippe Le Guillou, Gallimard.
Contes populaires et légendes de Bretagne, Presses de la Renaissance.
Histoires et légendes de la Bretagne mystérieuse, Gwena'hlan Le Scouëzec, Tchou.
Celtiques, Hugo Pratt, Casterman.

Pour enfants ou adolescents

Les Chevaliers de la Table Ronde, Maud Ovazza, Éditions Ouest-France.
Les Chevaliers ou les merveilles de Brocéliande, Sylvie Chausse, Albin Michel.
Gauvain et le chevalier vert et *Le Mariage de Gauvain,* S. Hastings, Albin Michel.
Le Roi Arthur, les légendes de la Table Ronde, Julek Heller, Molly Perham, Claudine Glot, Breizh.

Les Enchantements de Merlin, Lancelot du Lac, Perceval le Gallois, La Quête du Graal, La Fin des temps chevaleresques, Johan, Castermann.
Sur les traces du roi Arthur, Claudine Glot, Gallimard Jeunesse.

TABLE

Avant-propos 7

Les êtres surnaturels 13

La sorcière des Quatre Vents 13
Les petits pots bouillants 19
La mariée de Trécesson 25
Les joueurs de cartes fantômes 28

Les légendes de la Table Ronde 35

La rencontre (Merlin et Viviane) 35
Le château de cristal 44
L'entombement de Merlin 52
Lancelot et la Dame du Lac 56
Le Val sans Retour 62
Gauvain à la recherche de Merlin 67
Morgane 74
Brun de la Montagne (les trois vœux des fées) 79
Les sortilèges de l'enchanteur Dampnas 89
Au château de Morgane 97
Les tournois du chevalier Ponthus 106

Entre histoire et chronique locale 117
Cérémonies à Barenton 117
Le Breil du seigneur 121
Paol de Barenton 122
La légende de sainte Onenne 127
Meurtre à Saint-Léry 132
La sainte de Néant 135
Les saints de rien 140
L'ermite et le saint 143

Métamorphoses 149
La grande bête aux cornes d'or 149
La cane de Montfort 155
Le jardin des moines 171

Les habitants de la forêt 179
Le meunier de Trompe-Souris 179
Le taureau bleu 182
La bûche d'or 187
Peronnik l'idiot 197

Nouveaux contes à Brocéliande 211
Le dragon du lac de Ploërmel 211
Les révélations de monsieur de Trécesson 217
Le puits de Guillerien 222
Entre deux rives (la légende d'Isaugouët) 226
Retour de Néant, de Frédéric Jacques Temple 231

Des lieux et des légendes 235

Bibliographie 247

Mise en pages :
Nord Compo, Villeneuve-d'Ascq (59)
Achevé d'imprimer par
l'imprimerie Hérissey à Évreux (27)
N°d'éditeur : 4409.03.04.11.02
N° d'impression : 93495
Dépôt légal : mai 2002
ISBN : 2.7373.3053.X